Preußische
Residenzen

STIFTUNG
PREUSSICHE SCHLÖSSER UND GÄRTEN
BERLIN-BRANDENBURG

Hartmut Dorgerloh · Michael Scherf

Preußische

Königliche Schlösser und Gärten in Berlin und Brandenburg

Residenzen

DEUTSCHER KUNSTVERLAG

INHALT

Herzlich willkommen in den Schlössern und Gärten der preußischen Könige!

PREUSSEN IST GESCHICHTE: 1918 dankte der letzte preußische König und deutsche Kaiser, Wilhelm II., ab und 1947 lösten die alliierten Siegermächte des Zweiten Weltkriegs endgültig den preußischen Staat auf. Als historisches Phänomen wird bis heute kontrovers über Preußen diskutiert. Als die aus Süddeutschland stammenden Hohenzollern 1415 mit der Mark Brandenburg belehnt wurden, war ihr Aufstieg vom Kurfürsten zum preußischen König und schließlich zum Deutschen Kaiser nicht absehbar. Die Kontinuität der Dynastie, protestantisch gestärkter Pragmatismus, militärische Stärke, die Offenheit gegenüber anderen kulturellen oder religiösen Einflüssen einerseits sind dafür die Gründe. Andererseits war diese erfolgreiche Entwicklung mit territorialen Eroberungen sowie Unterdrückungen nach innen und außen verbunden. Die preußische Geschichte unterscheidet sich darin nicht grundsätzlich von der anderer europäischer Staaten. Sie ist facettenreicher als es das Schwarz und Weiß des preußischen Wappens suggerieren mag.

Unbestritten ist die herausragende Bedeutung der Schlösser und Gärten der preußischen Könige, die zugleich die wechselvolle Geschichte Preußens, Deutschlands und Europas dokumentieren. Die Reihe der Bauherren reicht von Joachim II. über den »Großen Kurfürsten«, Friedrich Wilhelm, Friedrich II., den »Großen«, den »Romantiker auf dem Thron«, Friedrich Wilhelm IV., bis zum letzten Kaiser, Wilhelm II. Nicht weniger eindrucksvoll sind die Namen der von ihnen beauftragten Architekten, Künstler und Gartengestalter, die immer zu den Besten ihrer Zeit zählten: Schlüter und Eosander, Knobelsdorff und Pesne, Schadow und Langhans oder Pückler und Schinkel. Beeindruckend ist auch der Reichtum der künstlerischen Ausstattung der Schlösser und Gärten mit Skulpturen, Gemälden, Möbeln oder Porzellanen, die sich programmatisch zu einzigartigen Raumkunstwerken verbinden und vom hohen Rang und politischen Anspruch der preußischen Könige künden.

Berlin und später Potsdam als zweite Residenz blieben die politischen Zentren des immer größer werdenden Staates. Dort konzentrierten sich die Bauaktivitäten der Herrscher, die regelmäßig durch neue Anlagen den architektonischen und künstlerischen Reichtum Preußens vermehrten. Im Ergebnis entstand vor allem rund um Potsdam ein Netzwerk von bedeutenden Schloss- und Gartenanlagen, deren Kernbereich der große Gartenkünstler Peter Joseph Lenné im 19. Jahrhundert zu einem kunstvoll gestalteten Ensemble zusammenfügte. Seit 1990 sind die »Schlösser und Gärten in Berlin und Potsdam« in die UNESCO-Liste des Natur- und Kulturerbes der Menschheit aufgenommen.

Nach dem Ende der Monarchie übernahm der preußische Staat die Schlösser und Gärten und übertrug sie 1927 nach einem Vertrag über das Vermögen mit dem ehemals regierenden Königshaus der eigens dafür gegründeten Verwaltung der »Staatlichen Schlösser und Gärten«. Bis heute ist das damals entwickelte Konzept der »Museumsschlösser« gültig, die Schlösser und ihre Ausstattungen gemeinsam mit den Gärten als historisch gewachsene Komplexe zu erhalten und der Öffentlichkeit zugänglich zu machen.

Der Zweite Weltkrieg hatte verheerende Folgen für die königlichen Residenzen. Bomben und Brände zerstörten bedeutende Schlösser und trotz rechtzeitiger Evakuierung gingen viele Kunstwerke verloren oder wurden als Kriegsbeute abtransportiert. Die deutsche Teilung betraf auch die Verwaltung der Schlösser und Gärten. Sie war ebenso in Ost und West getrennt wie die Schloss- und Gartenlandschaft, die zwischen West-Berlin und Potsdam nach 1961 brutal durch die Mauer zerschnitten wurde. Aber trotz aller Schwierigkeiten unternahmen beide Schlösserverwaltungen große Anstrengungen in der Wiederherstellung und Erhaltung der ehemaligen königlichen Anlagen.

Der Fall der Mauer und die deutsche Wiedervereinigung 1989/90 eröffneten auch für das gemeinsame preußische Kulturerbe neue Perspektiven. Jetzt konnten verlagerte Kunstwerke und Sammlungen wieder an ihre ursprünglichen Plätze zurückkehren, zerstörte Gärten wiederhergestellt und bedeutende Schlösser in der Mark Brandenburg restauriert werden.

1995 gründeten die Länder Berlin und Brandenburg die gemeinsame »Stiftung Preußische Schlösser und Gärten Berlin-Brandenburg«, die auch von der Bundesregierung finanziell mitgetragen wird. Die Stiftung ist für die Erhaltung, Erforschung und Erschließung von ca. 800 Hektar historischer Gärten und über 150 historischen Gebäuden in Berlin, Potsdam und der Mark Brandenburg verantwortlich. Heute sind die Gärten sowie über 30 Schlösser und Bauwerke, die alle in diesem Buch vorgestellt werden, öffentlich zugänglich.

KÖNIGLICHE SCHLÖSSER UND GÄRTEN IN BERLIN

Die an einem flachen Übergang der Spree im 12. Jahrhundert entstandene Stadt Berlin wurde 1486 zur ständigen Residenz der brandenburgischen Kurfürsten. Auf der Spreeinsel begann 1443 unter Kurfürst Friedrich II. der Bau eines Schlosses, das für fünf Jahrhunderte die städtebauliche Mitte der Stadt und das politische Zentrum Brandenburg-Preußens bilden sollte. Die kontinuierliche Entwicklung des Kurfürstentums schlug sich im 16. Jahrhundert in baulichen Erweiterungen und dem Ausbau eines repräsentativen Renaissancehofes nieder. 1542 ließ Kurfürst Joachim II. mit dem Jagdschloss Grunewald das erste der Schlösser vor den Toren Berlins errichten.

Der Dreißigjährige Krieg (1618–48) hatte für Berlin verheerende Folgen: Der Hof residierte in den sicheren östlichen Landesteilen, der Handel brach zusammen, die Bevölkerungszahl sank um ein Drittel auf rund 6000. Die starke Zunahme der Einwohnerzahl bis zum Ende des 17. Jahrhunderts auf rund 37000 resultierte aus der gezielten Aufbau- und Konsolidierungspolitik des »Großen Kurfürsten«, Friedrich Wilhelm (1640–1688). Er zog mit dem Hof wieder nach Berlin und begann mit dem Bau einer modernen Stadtbefestigung. Neben der Reorganisation der brandenburgischen Armee war es vor allem seine offensive Einwanderungspolitik, die die Wirtschaftskraft und den Handel stärkte. Die Ansiedlung von 5500 aus Glaubensgründen vertriebenen Franzosen, den Hugenotten, trug erheblich zum wirtschaftlichen Erfolg bei, der auch zur planmäßigen Anlage neuer Stadtquartiere führte.

Der Aufstieg vom brandenburgischen Kurfürsten zum preußischen König veranlasste Friedrich I. um 1700 zu einem intensiven Ausbau seiner Residenz. Der prächtige Um- und Neubau des Schlosses durch Andreas Schlüter und Johann Friedrich Eosander, imposante neue Bauten wie das Zeughaus (1695–1706), das Lustschloss Charlottenburg (ab 1695)

Berliner Schloss, östliches Portal der Südseite von Andreas Schlüter (Portal I) (um 1900).

oder Schloss Monbijou (1703) für den mächtigen Minister Graf Wartenberg dokumentierten die repräsentativen Ansprüche des neuen Königreichs, das zu einer europäischen Macht geworden war.

Als Folge der Konzentration Friedrich Wilhelms I. auf die Armee stieg in seiner Regierungszeit (1713–40) in Berlin der Anteil der Militärpersonen auf über 20%. Die preußischen Könige förderten den systematischen Ausbau der Stadt, die in der Mitte des 18. Jahrhunderts über 100 000 Einwohner zählte. Als Landesherren hatten sie die städtischen Rechte und Freiheiten deutlich reduziert. Friedrich II., der Große, (1740–1786) ließ die Straße Unter den Linden zur großartigen Hauptachse ausbauen, mit dem Forum Fridericianum rund um das neue Opernhaus als Höhepunkt. Unmittelbar nach der Thronbesteigung ordnete er den Bau des Neuen Flügels am Schloss Charlottenburg (1740–46) an, das damit im Wesentlichen vollendet wurde. Danach konzentrierten sich seine baulichen Aktivitäten immer mehr auf Potsdam als seiner Nebenresidenz. Am Ende seiner Regierungszeit verfügte Berlin nicht nur über die bedeutendste deutsche Textilindustrie, sondern hatte sich auch als Hauptstadt einer Großmacht etabliert, die von den Ideen eines aufgeklärten Absolutismus geprägt war.

Allerdings hatte der Siebenjährige Krieg (1756–63), der eine kurze feindliche Besetzung der Stadt einschloss, auch schon wirtschaftliche und politische Probleme in Preußen aufgezeigt. Diese wurden nicht konsequent gelöst und führten im Ergebnis 1806 zu einer vernichtenden militärischen Niederlage gegen Frankreich. Napoleon zog als Sieger durch das Brandenburger Tor in die Stadt ein und entführte die Quadriga von dort nach Paris. Die triumphale Rückkehr der Figurengruppe 1814 signalisierte eine erfolgreich eingeleitete Reformpolitik. Dazu gehörte die Stärkung der kommunalen Verantwortung der Stadt Berlin, die seit 1809 von einem Magistrat und einer Stadtverordnetenversammlung regiert wurde. Allmählich entwickelte sich in der ersten Hälfte des 19. Jahrhunderts neben der höfischen auch eine breite bür-

Berliner Schloss, Mittelrisalit des Ostflügels im Schlüterhof (um 1900).

Parallel zum Aufstieg Preußens wurde Berlin nach 1850 zu der wichtigsten Stadt in Deutschland, am sichtbarsten in der Funktion als Hauptstadt des neuen, 1871 gegründeten Deutschen Reiches und Residenz der Kaiser. Die Bevölkerungszahl stieg bis 1912 auf über zwei Millionen. Die Stadt expandierte in alle Richtungen, verbunden mit den Vor- und Nachteilen einer Metropole. Diese rasante Entwicklung endete abrupt nach dem verlorenen Weltkrieg 1918 mit dem Zerfall der Monarchie.

Revolutionäre Truppen besetzten Ende 1918 auch das Berliner Schloss und dokumentierten damit eindrücklich den Beginn einer neuen Epoche. 1920 kam es durch die Eingemeindung umliegender Orte zur Bildung von Gross-Berlin in den heutigen Grenzen der Stadt. Die wachsende Stadt nahm dadurch auch zahlreiche ursprünglich außerhalb gelegene Schlösser und Gärten der Hohenzollern in sich auf, die nun für verschiedene, zumeist öffentliche Zwecke genutzt wurden.

Die Bomben des Zweiten Weltkriegs trafen die bedeutendsten Schlösser Berlins schwer: das über Jahrhunderte gewachsene Schloss, ein Hauptwerk des europäischen Barock, sowie die Schlösser Monbijou, Bellevue und Charlottenburg. Die eher am Rand der Stadt gelegenen Schlösser wie Köpenick, Grunewald oder Glienicke blieben dagegen weitgehend unversehrt.

gerliche Kultur, deren gemeinsame Interessen sich in der Gründung der Universität (1810) oder der Eröffnung des Alten Museums (1830) wiederspiegeln. Mit dem Regierungsantritt des architekturbegeisterten Königs Friedrich Wilhelm IV. (1840–1858) nahm die städtebauliche Entwicklung der Residenz einen deutlichen Aufschwung. Seine schon als Kronprinz mit dem Architekten Karl Friedrich Schinkel entworfenen Pläne sollten schnell umgesetzt werden: der Umbau des Lustgartenflügels des Schlosses (1844–57) und der Bau einer markanten Kuppel über der Schlosskapelle (1845–53), der Ausbau der Spreeinsel zu einer »Freistätte für Kunst und Wissenschaften« (ab 1841), der Neubau des Doms mit einer Grabanlage für die Hohenzollern (Planungen ab 1841, Ausführung als neobarocker Bau erst 1893–1905). Die wachsenden sozialen Konflikte führten 1848 zur »Märzrevolution«. Der König flüchtete kurzzeitig aus der Stadt, musste sich aber dort wenig später vor den Opfern verneigen. Danach kamen seine großangelegten Berliner Bauvorhaben nur noch langsam voran.

Der barocke Ostflügel des Berliner Schlosses nach dem Zweiten Weltkrieg.

Der Mittelbau des Schlosses Monbijou von der Spreeseite (1940).

Die Teilung der Stadt nach 1945 und die Konfrontation der beiden unterschiedlichen politischen Systeme in Ost und West schlugen sich auch im Umgang mit den königlichen Schlössern nieder. Entgegen anfänglicher Abrisspläne konnten in West-Berlin die Ruinen des Schlosses Charlottenburg gesichert und sukzessive wieder aufgebaut werden. Das Schloss Bellevue (Wiederherstellung 1954–59) übernahm der Bundespräsident als Berliner Amtssitz.

In der DDR sprengte man 1950/51 trotz vieler Proteste die Ruine des Schlosses zugunsten eines Aufmarschplatzes. Das gleiche Schicksal ereilte die Reste des Schlosses Monbijou. Dagegen wurde das Schloss Schönhausen zunächst als Residenz des Präsidenten der DDR und danach als Regierungsgästehaus genutzt. Ingesamt aber dominierte die politische Auffassung, dass die Schlösser als Relikte Preußens, das mitverantwortlich für Militarismus und Krieg gemacht wurde, zugunsten einer neuen Gesellschaft abgerissen werden müssten. Nur das Schlossportal, von dem aus Karl Liebknecht 1918 die Räterepublik ausgerufen hatte, wurde programmatisch in den nahegelegenen Neubau des Staatsratsgebäudes der DDR (1962–64) integriert. Ebenso absichtsvoll baute man 1973–76 den Palast der Republik auf einem Teil des ehemaligen Schlossgeländes.

Nach der deutschen Wiedervereinigung 1990 begann eine sehr kontroverse, mehrjährige Debatte über einen Abriss des Palastes der Republik zugunsten einer Rekonstruktion des Schlosses. Nach einer umfangreichen Asbestsanierung wurde der Palast der Republik schließlich auf Beschluss des Deutschen Bundestages 2007/08 abgerissen, um an dieser Stelle die Idee des Humboldt-Forums zu verwirklichen. Dieses soll vor allem die außereuropäischen Sammlungen der Berliner Museen, aber auch Bereiche der Berliner Landesbibliothek und wissenschaftliche Sammlungen der Humboldt-Universität aufnehmen. Der Neubau orientiert sich dabei am alten Schlossbau, von dem drei barocke Fassaden sowie der Schlüterhof rekonstruiert werden. Den Architekturwettbewerb gewann 2008 Francesco Stella. Die Fertigstellung des Humboldt-Forums ist für 2019 geplant.

Schloss und Schlossgarten Charlottenburg

Das Schloss Charlottenburg blickt als größte erhaltene Hohenzollern-Residenz in Berlin auf eine 300-jährige wechselvolle Bau- und Nutzungsgeschichte zurück und dokumentiert heute mit seinem Interieur und seiner Gartengestaltung beispielhaft die brandenburgisch-preußische Herrschaftskultur vom ausgehenden 17. bis zum frühen 20. Jahrhundert. Der ursprüngliche Bau, das Schloss Lietzenburg, wurde 1695 bis 1699 unter der Kurfürstin Sophie Charlotte, der zweiten Gemahlin Friedrichs III., des späteren Königs Friedrichs I., nach Plänen Johann Arnold Nerings in ländlicher Umgebung in der Nähe des Dorfes Lietzow errichtet, westlich vor den Toren Berlins. Mit dem Schloss von zunächst nur bescheidenen Ausmaßen sollte eine »Maison de Plaisance« entstehen, ein Lustschloss, in dem die philosophisch gebildete und musikalisch begabte Sophie Charlotte einen exklusiven Kreis von Künstlern und Gelehrten um sich sammelte und für wenige Jahre den ersten Musenhof Brandenburg-Preußens erblühen ließ. Noch vor Fertigstellung der Anlage machte die Krönung ihres Gemahls zum König in Preußen und damit auch ihre Rangerhöhung 1701 umfangreiche Erweiterungen notwendig. Nach Plänen Johann Friedrich Eosanders entstand durch die Verlängerung der Längsachse des Schlosses und durch den Bau zweier Seitenflügel eine majestätische Dreiflügelanlage nach französischem Geschmack. Die ehemals flache Kuppel auf der Gartenseite wurde auf die Stadtseite verschoben und durch einen Tambour erhöht. Im Inneren wurde gartenseitig eine repräsentative Enfilade von 13 Räumen mit einer Länge von 140 Metern eingerichtet, deren Höhepunkt das prunkvolle Porzellankabinett bildet. Die angrenzende Schlosskapelle versinnbildlichte die Verbindung von Thron und Altar.

Von zwei geplanten Orangerien wurde 1712 nur die westliche erbaut. Wie das Schloss erhielt auch der Garten eine barocke Gestaltung. Der Franzose Siméon Godeau schuf

Friedrich I., Kurfürst von Brandenburg und König in Preußen von Friedrich Wilhelm Weidemann (um 1701).

Sophie Charlotte von Hannover, Kurfürstin von Brandenburg und Königin in Preußen von Friedrich Wilhelm Weidemann (um 1702–05).

eine dreistufige Anlage nach dem Vorbild von Versailles mit einer 500 Meter langen Terrasse, acht Broderiefeldern und einem als Hafenbecken angelegten Karpfenteich. Der Garten, eine der frühesten französisch gestalteten Barockanlagen Deutschlands, wurde bis zum Tode Friedrichs des Großen im Jahr 1786 nicht grundlegend verändert.

Mit dem frühen Tod Sophie Charlottes im Jahr 1705 erlosch auch das kulturelle Leben in Schloss Lietzenburg. Im Gedenken an seine Gemahlin benannte König Friedrich I. das Schloss in Charlottenburg um. Es blieb seine bevorzugte Nebenresidenz.

Sein Nachfolger, der »Soldatenkönig« Friedrich Wilhelm I., zeigte kein Interesse am Schloss seiner Kindheit, und so kehrte erst mit der Thronbesteigung seines Sohnes, Friedrich II., der hier seinen ersten Regierungssitz nahm, das höfische Leben zurück. Dieser ließ ab 1740 zur Vollendung des Schlosses durch Georg W. von Knobelsdorff den Neuen Flügel an Stelle der einst geplanten östlichen Orangerie erbauen

Die Ehrenhofseite des Schlosses Charlottenburg mit Blick auf das von Nering und Eosander erbaute Alte Schloss. Der Bauherr, Kurfürst Friedrich III., stieg 1701 unter dem Namen Friedrich I. zum König in Preußen auf.

*Das Porzellankabinett
bildet den prunkvollen
Abschluss der Parade-
kammern Friedrichs I.*

*Die Rote Kammer verdankt
ihren Namen der mit
goldenen Tressen verzierten
Damasttapete. Der Raum
wurde von Friedrich I.
vermutlich als Konferenzraum
genutzt.*

Schloss und Schlossgarten Charlottenburg

*Gläsernes Schlafgemach
Sophie Charlottes aus ihrer
Ersten Wohnung.*

*Das Schlafzimmer der Königin
Luise wurde 1810 nach
Entwürfen Karl Friedrich
Schinkels eingerichtet.*

Nach Schloss Rheinsberg bildete der Neue Flügel, 1740 bis 1745 von Georg Wenzeslaus von Knobelsdorff erbaut, die neue Residenz Friedrichs des Großen.

Die Schlosskapelle nach Plänen Johann Friedrich Eosanders wurde 1706 eingeweiht. Blick auf die Altarwand.

Die gartenseitig gelegene und kostbar ausgestattete Bibliothek Friedrichs II. in der Ersten Wohnung des Neuen Flügels.

Goldene Galerie. Der Festsaal des Neuen Flügels stellt einen glanzvollen Höhepunkt unter den friderizianischen Raumschöpfungen dar.

und verlieh der Schlossanlage damit einen annähernd symmetrischen Grundriss. Im Neuen Flügel entstanden mit den beiden Wohnungen, die Friedrich sich bis 1747 unter großem Aufwand einrichten ließ, prachtvolle Raumschöpfungen wie der Weiße Saal und die Goldene Galerie als Höhepunkte des friderizianischen Rokoko. Nach dem Einzug in seine neu erbaute Sommerresidenz Sanssouci in Potsdam 1747 nutzte Friedrich das Schloss nur noch für große Familienfeste. Mit seinem Nachfolger Friedrich Wilhelm II. hielt der Frühklassizismus Einzug in Schloss Charlottenburg. Im Neuen Flügel ließ sich der König 1788 in fünf Räumen auf der Gartenseite des Untergeschosses eine Sommerwohnung im etruskischen und chinesischen Stil einrichten, erweiterte das Schloss um einen Theaterbau und bereicherte den Garten um das Belvedere. 1790 folgte auf der Stadtseite die Kleine Orangerie. Die Fertigstellung der sieben frühklassizistisch ausgestalteten Winterkammern im Obergeschoss des Neuen Flügels im Jahr 1797 erlebte er nicht mehr. Der barocke Garten wurde unter Friedrich Wilhelm II. und seinem Nachfolger im Geschmack der Zeit schrittweise in einen englischen Landschaftspark umgewandelt, bis von der ursprünglichen Gestaltung kaum noch etwas erhalten war. Im 19. Jahrhundert erfuhr das Schloss keine wesentliche Veränderung mehr. Friedrich Wilhelm III. bewohnte ein schlichtes Appartement im Erdgeschoss des Neuen Flügels, während seine Gemahlin Luise die Winterkammern ihres Schwiegervaters bezog. Nach dem frühen Tod Luises im Jahr 1810 ließ sich der König 1824 bis 1825 mit dem Neuen Pavillon ein Sommerhaus errichten. Sein Sohn, Friedrich Wilhelm IV., logierte mit seiner Gemahlin Elisabeth ab 1841 im Obergeschoss des barocken Mittelbaus. Er verlieh Teilen des Gartens wieder eine ornamentale, neobarocke Gestalt. Der letzte Bewohner von Schloss Charlottenburg war Kaiser Friedrich III. während seiner nur 99-tägigen Regierungszeit im Jahr 1888.

Nach dem Ende der Hohenzollern-Monarchie 1918 übernahm die staatliche Schlösserverwaltung das Gebäude und eröffnete es 1927 zur Besichtigung. Im Zweiten Weltkrieg wurde das Schloss 1943 weitgehend zerstört, wesentliche Teile des Inventars entgingen durch Auslagerung der Vernichtung. Der seit den 1950er Jahren betriebene Wiederaufbau und die etappenweise Rekonstruktion sind heute weitgehend abgeschlossen. Der Garten, nach dem Krieg gänzlich verwüstet, zeigt heute wieder rekonstruierte barocke und landschaftliche Partien.

Das Belvedere im Charlottenburger Schlossgarten wurde 1788 von Carl Gotthart Langhans für Friedrich Wilhelm II. erbaut. Heute befindet sich hier die KPM-Porzellansammlung des Landes Berlin.

Die preußischen Kroninsignien von 1701 gehören zum Kronschatz der Hohenzollern im Alten Schloss.

Linke Seite:
Das Schloss Charlottenburg von der Gartenseite mit den wiederhergestellten barocken Broderien.

WENN MIR ANGST IST, SO   WIR ABER SIND NICHT VON DENEN, DIE DA WEICHEN UND VERDAMMT   DAS GEDAECHTNIS DER
RUFE ICH DEN HERRN AN Ps.18.v.12   WERDEN, SONDERN VON DENEN, DIE DA GLAUBEN UND DIE SEELE ERRETTEN Hebr.10 V.39   GERECHTEN BLEIBT IM SEGEN

Das Mausoleum wurde 1810 von Heinrich Gentz ursprünglich nur für das von Christian Daniel Rauch geschaffene Grabmonument Königin Luises erbaut. Es beherbergt nach mehrfachen Erweiterungen auch den Sarkophag Friedrich Wilhelms III. und ist die Grabstätte Kaiser Wilhelms I. und Kaiserin Augustas.

Der Neue Pavillon entstand 1824 bis 1825 nach Plänen Karl Friedrich Schinkels als Sommerhaus Friedrich Wilhelms III.

Blick auf das Parterre des Schlossgartens. Der ab 1697 von Siméon Godeau angelegte Garten ist eine der frühesten französisch gestalteten Barockanlagen Deutschlands.

Schloss Schönhausen

Das Schloss Schönhausen ging aus einem Gutshaus hervor, das Kurfürst Friedrich III., der spätere König Friedrich I., 1691 erwarb und in den Folgejahren mitsamt der Gartenanlage durch die Baumeister Johann Arnold Nering und Johann Friedrich Eosander erweitern und herrschaftlich ausgestalten ließ. Sein Enkel, Friedrich der Große, wies das Schloss im Jahr 1740 seiner Gemahlin Elisabeth Christine von Braunschweig-Bevern als Residenz zu, in der sie bis zu ihrem Tod 1797 in den Sommermonaten Hof hielt.

Die Verwüstung des Schlosses während des Siebenjährigen Krieges führte ab 1763 zu weitreichenden Umgestaltungen, zu denen die Aufstockung der flachen Nebenflügel auf die Höhe des dreigeschossigen Corps de Logis und der Einbau eines repräsentativen doppelläufigen Treppenhauses gehörte. Zahlreiche der neu eingerichteten Zimmer erhielten eine Ausstattung mit kostbaren Tapeten, geschnitzten vergoldeten Spiegelrahmen und kunstvollen Supraporten. Es entstanden Schöpfungen wie die wertvolle Zedernholzgalerie und der Festsaal im Obergeschoss, dessen Decke und Wände der Bildhauer Johann Michael Graff mit prachtvollen Stuckaturen als Zeugnis der Raumkunst des späten friderizianischen Rokoko schmückte.

Das nach dem Tod der Königin nur noch gelegentlich von fürstlichen Familienmitgliedern für kurze Aufenthalte genutzte Schloss verwaiste im Verlauf des 19. Jahrhunderts. Den barocken Garten gestaltete Peter Joseph Lenné ab 1827 in einen Landschaftspark um.

Nach seiner Übernahme in staatliche Verwaltung im Jahr 1920 erfuhr das Schloss die vielfältigsten Nutzungen. Es diente als Ausstellungsgebäude und fungierte 1938 bis 1941 als Depot für sogenannte »entartete Kunst«. Nach dem unbeschadet überstandenen Zweiten Weltkrieg wurde es als Amtssitz Wilhelm Piecks, des ersten und einzigen Präsidenten der DDR, eingerichtet und in den Jahren 1964 bis 1966 zum Gästeschloss der Regierung umgestaltet.

Nach umfangreichen Restaurierungsarbeiten dokumentiert das Schloss Schönhausen heute mit seinen Räumlichkeiten des 18. Jahrhunderts und den Umbauten durch die DDR-Regierung 350 Jahre wechselvoller preußisch-deutscher Geschichte.

Der Festsaal, eine Raumschöpfung aus dem Jahr 1764, ist heute der letzte original erhaltene Rokokosaal in Berlin.

Das Schloss Schönhausen von der Gartenseite.

Pfaueninsel

Im Jahre 1794 ließ sich Friedrich Wilhelm II. auf der Pfaueninsel, die er kurz zuvor als Erweiterung des Neuen Gartens und als romantisch-paradiesisches Refugium erworben hatte, ein kleines Lustschloss als malerische künstliche Ruine errichten. Die Planung und Ausführung oblag dem Hofzimmermeister Johann Gottlieb Brendel, der das Gebäude mit zwei Türmen und einer verbindenden Brücke weitgehend aus Holz erbaute und die dekorative Schaufassade zum Neuen Garten ausrichtete. Wilhelmine Gräfin von Lichtenau, die ehemalige Mätresse des Königs, prägte die bis heute erhaltene frühklassizistische Einrichtung und Ausstattung des Schlosses maßgeblich. Als größter Raum entstand der kostbar ausgestattete Festsaal im Obergeschoss, der dem König als Konzertzimmer diente. Das schwärmerische Fernweh des Bauherrn fand seinen Ausdruck im »Otaheitischen Kabinett«, in dem illusionistische Malereien die sehnsuchtsvoll verklärte tahitianische Inselwelt mit dem eigenen, naturbelassenen und wildnishaften Eiland verschmelzen. Zur gleichen Zeit wurde am entgegengesetzten Ende der Insel als Pendant zum Schloss die Meierei im gotischen Stil erbaut, ebenfalls als künstliche Ruine, in der man Kühe hielt und eine kleine Milchwirtschaft betrieb.

Dem Wunsch nach einem einfachen, ursprünglichen Leben in unberührter Natur folgend, blieb die Insel mit ihrem Bestand an 400 alten Eichen nahezu unverändert. Nur die unmittelbare Umgebung von Schloss und Meierei gestaltete der aus Wörlitz stammende Gärtner Johann August Eyserbeck, der zuvor schon im Neuen Garten tätig gewesen war, als frühen sentimentalen Garten. Ihr heutiges Aussehen erhielt die Insel durch den Sohn und Nachfolger Friedrich Wilhelm III., der sie als ländlich abgelegenen Sommersitz nutzte und eine »Ferme ornée«, eine geschmückte Landwirtschaft, unterhielt. Er ließ die Pfaueninsel von Anton Ferdinand Fintelmann und Peter Joseph Lenné, der hier den ersten preußi-

Das Schloss von der Seeseite. Ihren Namen verdankt die zuvor Kaninchenwerder genannte Insel den Pfauen, die auf dem Eiland angesiedelt wurden.

Das Lustschloss auf der Pfaueninsel wurde als künstliche Ruine auf Geheiß Friedrich Wilhelms II. 1794 von Hofzimmermeister Johann Gottlieb Brendel fast ganz aus Holz erbaut.

Für den klassizistisch ausgestalteten Festsaal im Obergeschoss des Schlosses wurden weitgehend einheimische Hölzer verwendet.

schen Rosengarten anlegte, in einen Landschaftspark umgestalten. In die Parkgestaltung bezog er eine Reihe neu errich-
teter Gebäude ein, wie das Kavalierhaus in den Jahren
1803/04, später mit der gotischen Fassade eines Danziger
Hauses versehen, und das in den Jahren 1830/31 nach Plänen
Schinkels erbaute Palmenhaus, das 1880 niederbrannte. 1829
wurde eine Gedächtnishalle für Königin Luise errichtet. Die
Vorliebe des Königs für exotische Tiere aller Art führte zum
Bau zahlreicher Menagerien.

Einen Großteil des allmählich ausufernden Tierbestandes
übereignete sein Sohn und Nachfolger, Friedrich Wilhelm IV.,
dem Berliner Zoologischen Garten. Mit dem Tod Friedrich
Wilhelms III. im Jahr 1840 fand die künstlerische Entwicklung
der Pfaueninsel ihren Abschluss.

Rechte Seite:
Die illusionistische Wand- und Deckenmalerei verleiht dem
»Otaheitischen Kabinett« die Atmosphäre einer Bambushütte.
Die Aussichten aus den aufgemalten Fenstern zeigen das
Marmorpalais und das Schloss auf der Pfaueninsel eingebettet
in eine tropische Landschaft.

Die 1795 in den Formen einer verfallenen gotischen Kirche erbaute Meierei.

Das kunstvoll gestaltete Treppenhaus im südlichen Schlossturm.

Rechte Seite unten:
Der Luisentempel ist dem Andenken an die 1810 verstorbene Königin Luise gewidmet. Die Säulen aus Sandstein stammen vom Mausoleum im Charlottenburger Schlossgarten, wo sie durch Exemplare aus rotem Granit ersetzt worden waren.

Das Kavalierhaus versah Karl Friedrich Schinkel mit der spätgotischen Fassade eines abgetragenen Danziger Patrizierhauses.

Schloss und Park Glienicke

Als Prinz Carl von Preußen, dritter Sohn König Friedrich Wilhelms III. und Königin Luises, sich nach seiner Italienreise im Jahr 1823 für das zum Verkauf stehende Landgut Glienicke interessierte, hatten zwei Männer dort bereits Proben ihres Könnens hinterlassen, deren Zusammenwirken nicht nur Schloss und Park Glienicke, sondern die gesamte Potsdamer Kulturlandschaft prägen sollte: der Architekt Karl Friedrich Schinkel und der Gartenkünstler Peter Joseph Lenné.

Der Vorbesitzer des Anwesens, Karl August Fürst von Hardenberg, hatte von Lenné einen Pleasureground anlegen lassen und Schinkel mit der Umgestaltung der Innenräume beauftragt. Prinz Carl, der Glienicke in einen großen Landschaftsgarten verwandeln wollte, erwarb das Landgut am 1. Mai 1824 für sich und seine spätere Frau Marie von Sachsen-Weimar. Unmittelbar nach dem Kauf setzte eine über ein Jahrzehnt andauernde Phase tiefgreifender Umgestaltungen ein, in deren Verlauf der Prinz seinen Traum von antiker italienischer Architektur in einer südländisch anmutenden Landschaft verwirklichte. Zunächst gestaltete Schinkel das am Hochufer der Havel gelegene Billardhaus zu einem Casino genannten Gartenhaus in klassizistischen Formen um, schuf eine antikisierende Innendekoration und richtete im Obergeschoss Wohn- und Schlafzimmer für Gäste ein. Auch das alte Gutshaus wurde 1824 bis 1827 zu einer von italienischen Vorbildern inspirierten Villa umgebaut. Im Obergeschoss entstanden die Wohnräume des Prinzen und seiner Gemahlin, wie der heute rekonstruierte Rote Saal oder der Weiße Salon. In die Schlossanlage wurde der umgebaute Pferdestall als Kavalierflügel einbezogen, hinter dem ein Turm der horizontal ausgerichteten Anlage einen Höhenakzent verleiht. Pergolen, Treppen und Höfe verbinden die Gebäude kunstvoll mit dem Garten, den Lenné nach englischem Vorbild in die Bereiche Blumengarten, Pleasureground und Park gliederte. Der Pleasureground erhielt mit dem Stibadium, ein am Wasser

Prinz Carl von Preußen. Künstler unbekannt (um 1827).

gelegener überdachter Sitzplatz, dem Löwenbrunnen sowie der Kleinen und Großen Neugierde eine Reihe kleinerer Bauwerke. Prinz Carl erstand als leidenschaftlicher Kunstsammler in Italien große Mengen antiker Bruchstücke und Skulpturen, die die Gebäude und den Garten schmücken und das südländische Ambiente der Anlage unterstreichen. Der Unterbringung besonders kostbarer Stücke der Kunstsammlung diente der 1850 errichtete Klosterhof.

Nach vielen Jahrzehnten des Verfalls und der Zweckentfremdung, die dem Tod des Prinzen im Jahr 1883 folgten, wurden Park und Gebäude durch umfangreiche Restaurierungs- und Rekonstruktionsarbeiten dem ursprünglichen Zustand wieder angenähert.

Die Gartenseite des Schlosses Glienicke mit dem 1838 eingeweihten Löwenbrunnen. Karl Friedrich Schinkel verlieh der Sommerresidenz des italienbegeisterten Prinzen Carl ein südländisches Gepräge.

Der als Festsaal genutzte Rote Saal bildet den Mittelpunkt der Räumlichkeiten des Obergeschosses.

Das Blaue Eckzimmer nahm einst die Bibliothek des Prinzen auf.

Der Kavalierflügel des Schlosses, in dessen Erdgeschoss sich ursprünglich die Pferdeställe befanden.

Der Kleine Neugierde genannte Gartenpavillon ging aus einem 1826 von Schinkel umgebauten Teehaus hervor. Prinz Carl veränderte die Fassade später durch den Einbau einer in Italien erworbenen Renaissance-Arkade.

Nach dem Vorbild antiker Bauwerke und nach Entwürfen Schinkels wurde die Große Neugierde als Aussichtspunkt gestaltet.

Das Stibadium, ein überdachter, an einer Quelle liegender Sitzplatz nach antikem Vorbild, entstand 1840.

Der 1850 errichtete Klosterhof nahm bedeutende mittelalterliche und byzantinische Stücke der Kunstsammlung des Prinzen Carl auf.

Byzantinische Einfassung einer Fensteröffnung an der Nordwand des Klosterhofes.

Schloss und Park Glienicke

Die Gartenseite des Casinos. Aus einem Billardhaus gestaltete Schinkel 1824 bis 1825 das Casino mit einem klassizistischen Marmorsaal. Im Obergeschoss befanden sich Gästewohnungen.

Jagdschloss Grunewald

Das Jagdschloss Grunewald ist die älteste erhaltene Hohenzollern-Residenz auf Berliner Boden und zugleich ein einmaliges Zeugnis für die Architektur der Berliner Frührenaissance. Kurfürst Joachim II. Hektor von Brandenburg, ein den Wissenschaften und Künsten zugetaner Regent und ein leidenschaftlicher Jäger, ließ sich in abgelegenem, wild- und waldreichem Gelände ein Schloss, genannt »Zum gruenen Wald«, in den Formen der sächsischen Renaissance errichten. Der Kurfürst selbst legte am 7. März 1542 den Grundstein zu seinem damals noch weit außerhalb Berlins gelegenen Jagdhaus, dessen Ausführung vermutlich in den Händen des Baumeisters Caspar Theiß lag. Als Vorbilder dienten die Schlösser in Dresden und Torgau. Der ursprünglich nur zweigeschossige, wehrhafte Bau war einst von einem breiten Wassergraben umgeben, über den eine Brücke zum Schlossportal führte. Von vielen Herrschergenerationen als Jagdstützpunkt und zum kurzen Aufenthalt genutzt, erfuhr das Schloss im Lauf der Jahrhunderte zahlreiche Veränderungen. Der tiefgreifendste war der Umbau zum massiven, kubischen Block eines Barockbaus im Jahr 1706 durch den ersten König in Preußen, Friedrich I. Das Gebäude wurde aufgestockt, erhielt eine neue Dachkonstruktion und größere Fenster. Der achteckige Turm, der eine Wendeltreppe enthält, lässt den Renaissancekern des Gebäudes trotz dieses Eingriffs bis heute erkennen. Friedrich der Große ließ 1770 die südlichen Nebengebäude als Magazin für das Hofjagdzeug umgestalten. Mit der Wiederbelebung der Parforcejagd, die ab 1828 wieder jährlich im Grunewald abgehalten wurde, gewann das zwischenzeitlich verwaiste Schloss seine angestammte Funktion zurück. Die letzten baulichen Eingriffe und Modernisierungen fanden um 1900 durch Kaiser Wilhelm II. statt. Nach dem Ende der Hohenzollern-Monarchie gelangte das Schloss in staatliche Verwaltung und erhielt eine neue Nutzung. Das Mobiliar wurde vervollständigt und das Schloss mit zahlreichen bedeutenden Gemälden deutscher und nie-

Kurfürst Joachim II. Hektor von Brandenburg von Lucas Cranach dem Jüngeren (um 1555).

Jagdschloss Grunewald, Hofseite. Das Schloss wurde im Jahr 1542 für den jagdbegeisterten Kurfürsten Joachim II. Hektor von Brandenburg als Renaissancebau errichtet und Anfang des 18. Jahrhunderts in barocken Formen umgestaltet.

derländischer Künstler des 15. bis 18. Jahrhunderts ausgestattet, darunter Werke von Lucas Cranach dem Älteren und dem Jüngeren. 1932 konnte das Gebäude der Öffentlichkeit als Museum übergeben werden. Nachdem das Schloss den Zweiten Weltkrieg weitgehend unbeschadet überstanden hatte, öffnete es bereits im Jahr 1949 als erstes Berliner Museum seine Tore wieder. In den Jahren 1973/74 legten Restauratoren die Große Hofstube im Erdgeschoss aus der Zeit Joachims II. frei und gaben dem Schloss so ein wesentliches Element seines Renaissancecharakters zurück. An die ursprüngliche Bestimmung des Schlosses erinnert das 1977 im ehemaligen Jagdzeugmagazin eingerichtete Jagdmuseum.

Meister der Renaissance: Blick in die Ausstellungsräume mit dem Cadolzburger Altar, um 1425/1430, im Hintergrund Eva, von Lukas Cranach dem Älteren, 1537, als Beispiele für die Kunstaufträge der brandenburgischen Kurfürsten.

Die Quellnymphe von Lucas Cranach dem Älteren ist eines von zahlreichen Gemälden der Cranach-Sammlung im Jagdschloss Grunewald.

*Ankunft Kaiser Wilhelms I.
zur Roten Jagd im Grunewald
von J. Arnold und H. Schnee
(1887).*

KÖNIGLICHE SCHLÖSSER UND GÄRTEN
IN POTSDAM

Die 993 erstmals urkundliche erwähnte slawische Siedlung Poztupimi – das heutige Potsdam – war ein unbedeutendes märkisches Städtchen, bis Friedrich Wilhelm, der »Große Kurfürst«, es ab 1652 zur zweiten Residenz neben Berlin ausbaute. Den leidenschaftlichen Jäger begeisterte der Wildreichtum der von Wald und Wasser geprägten Gegend. Der Herrscher erwarb das Potsdamer Stadtgebiet und entwickelte weitreichende Pläne für eine systematische Verschönerung der umgebenden Landschaft. Sein Freund und Berater, Johann Moritz von Nassau-Siegen, formulierte 1664 als großes Ziel: »Das gantze Eyland muß ein Paradies werden [...]«

Beginnend mit dem Ausbau der halb verfallenen Burg am Übergang über die Havel (ab 1662, vermutlich nach Plänen von Johann Gregor Memhardt) zu einem Schloss sowie der Errichtung von Fasanerie, Kutschstall, Orangerie und Lustgarten entstanden rasch die Vorrausetzungen dafür, dass sich der kurfürstliche Hof ab 1671 regelmäßig in Potsdam aufhielt. Im Umfeld der Residenz wuchs die Stadt, befördert durch die gezielte Ansiedlung von Niederländern, Franzosen, Juden und Schweizern. Beeinflusst von der holländischen Gartenkunst wurden Pflanzschulen, Alleen, Zier- und Nutzgärten angelegt. Hier liegen in Verbindung mit den in der Nähe neu errichteten kleineren Schlössern in Caputh, Bornim und Glienicke die Wurzeln der Potsdamer Kulturlandschaft, die sich unter dem Regiment der preußischen Könige in den nächsten zwei Jahrhunderten herausbilden sollte.

Nachdem sich der erste preußische König, Friedrich I., auf Berlin konzentriert hatte, waren es vor allem seine beiden Nachfolger, die Potsdam zu einem prominenten Ort in Europa machten. Friedrich Wilhelm I. baute Potsdam zur Garnisonsstadt aus und sorgte für die planmäßige Erweiterung der Stadt, zu der auch das »Holländische Viertel« (1733–44) gehörte. Die neuen Manufakturen produzierten vor allem für den wachsenden Bedarf der Armee, die immer stärker das Straßenbild und den Charakter Potsdams bestimmte. Friedrich II. vollendete dann den Ausbau zu einer repräsentativen königlichen Residenzstadt. Aber nicht nur Park und Schloss Sanssouci, sondern auch 621 Wohnhäuser, 29 Manufakturen und 99 Kasernen sowie zahlreiche öffentliche Gebäude entstanden in seiner Regierungszeit (1740–86). Dabei machte der König oft genaue Vorgaben, nach welchen italienischen oder englischen Vorbildern sich die Architektur zu richten hatte.

Friedrich Wilhelm IV. bestieg 100 Jahre später, 1840, den Thron. Gemeinsam mit dem berühmten Architekten Karl Friedrich Schinkel und dem genialen Landschaftsarchitekten Peter Joseph Lenné verfolgte er grandiose Pläne für eine Verschönerung der gesamten Gegend, die – inspiriert von Italien – Natur und Kunst harmonisch vereinten. Sanssouci, der von seinem Großvater angelegte Neue Garten mit dem Marmorpalais sowie die Schlösser seiner Brüder – Babelsberg für Wilhelm (I.) und Glienicke für Carl – bildeten dafür die markanten Ausgangspunkte. Bauten wie das Orangerieschloss in Sanssouci, das Belvedere auf dem Pfingstberg oder die große Kuppel der städtischen Hauptkirche St. Nikolai setzten neue Akzente. Auch wenn nicht alle Projekte verwirklicht wurden, entwickelte sich um Potsdam in der Mitte des 19. Jahrhunderts eine einzigartige Kulturlandschaft, die die Stadt und die sie umgebenden königlichen Schlösser und Gärten in einem spannungsvollen Beziehungsgeflecht verband. Dazu gehörten auch die neuesten technischen Errungenschaften der Zeit: Eisenbahn, Telegrafie oder Dampfmaschinenhäuser für die Wasserversorgung der Gärten. Die zentralen Bereiche dieser Schlösser- und Gartenlandschaft, die sich bis auf das heutige Berliner Stadtgebiet erstrecken, sind 1990 in die Welterbeliste der UNESCO aufgenommen worden.

Blick durch das Fortunaportal in den Innenhof des Potsdamer Stadtschlosses (um 1912).

Das Potsdamer Stadtschloss von der Lustgartenseite (Aufnahme aus den 1930er Jahren).

In der Zeit der deutschen Kaiser, die sich regelmäßig in den Potsdamer Schlössern aufhielten, veränderte sich das Stadtbild weiter durch umfangreiche Bauten für das Militär, die Verwaltung und die Wissenschaft. Die Eliten des Reiches wohnten in den neuen Villenvororten, die sich zwischen den königlichen Gartenanlagen erstreckten. Der Verlust der Residenzfunktion 1918, die Reduzierung der Armee und die wirtschaftlichen Probleme der 1920er Jahre trafen das monarchistisch-konservativ gesinnte Potsdam empfindlich. Durch Eingemeindungen verdoppelte sich die Einwohnerzahl bis 1939 auf 136 000. Der seit 1900 kontinuierlich wachsende Fremdenverkehr, neue Wirtschaftszweige, wie die Filmindustrie in Babelsberg, oder der Ausbau der Forschungsinstitute auf dem Telegrafenberg mit dem berühmten Einsteinturm (1920/21 von Erich Mendelsohn) prägten die Stadt zunehmend.

Die Nationalsozialisten inszenierten die Reichstagseröffnung 1933 als »Tag von Potsdam« und versuchten, die preußischen Traditionen für ihre Zwecke in Anspruch zu nehmen. Zwölf Jahre später, am 14. April 1945, zerstörte ein Bombenangriff große Teile der Potsdamer Altstadt, darunter auch das Stadtschloss. Seine Ruine wurde erst 1960 gesprengt, ebenso wie einige Jahre später die Garnisonkirche und die Heiliggeistkirche. Sie fielen schließlich einer Politik der DDR zum Opfer, die sich auch städtebaulich bewusst gegen die preußische Geschichte richtete. Zunächst hatte man beim Wie-

Das Potsdamer Stadtschloss nach dem Zweiten Weltkrieg (1952).

deraufbau nach dem Krieg begonnen, die einzigartige barocke Stadtstruktur zu erhalten und an sie anzuknüpfen. Der Bau der Mauer zerstörte nach 1961 große Teile der Kulturlandschaft und schnitt Potsdam, seit 1952 Bezirkshauptstadt, von Berlin ab. Die unzerstörten königlichen Schlösser und Gärten blieben ein touristischer Anziehungspunkt und konnten seit den 1970er Jahren verstärkt restauriert werden. In dieser Zeit setzten auch erste erfolgreiche Bemühungen ein, den fortschreitenden Verfall der erhaltenen Teile der Altstadt zu stoppen. Der Fall der Mauer und die wiedergewonnene Funktion als Hauptstadt des Landes Brandenburg leiteten 1990 einen entscheidenden Wandel ein. Fast alle historischen Gebäude wurden seitdem saniert. Für die Debatte über eine Rekon-

struktion des Stadtschlosses hatte der Wiederaufbau des Fortunaportals 2002 eine Signalwirkung. Im Jahr 2005 wurde schließlich beschlossen, an der Stelle und in den Dimensionen des verlorenen Schlossbaus einen Neubau für den Brandenburger Landtag zu errichten. Da die Ergebnisse des Architekturwettbewerbs für die äußere Gestaltung jedoch nicht überzeugten, entschied man sich letztendlich für eine Rekonstruktion der Fassaden, die durch eine private Spende finanziert wird. An dem von Peter Kulka entworfenen Bau, der 2013 eingeweiht wird, werden auch zahlreiche Elemente des Bauschmuckes wiederverwendet, die man vor der Sprengung geborgen hatte.

Jagdschloss Stern

Das kleine Jagdschloss Stern, in den Jahren 1730 bis 1732 weit vor den Toren Potsdams im Stil eines schlichten holländischen Ziegelhauses entstanden, ist das einzige Schloss, das der »Soldatenkönig« Friedrich Wilhelm I. für sich selbst errichten ließ. Der König war als leidenschaftlicher Jäger ein Liebhaber der an europäischen Fürstenhöfen verbreiteten Parforcejagd, bei der das Wild von Reitern und Hunden bis zur Erschöpfung gehetzt und anschließend erlegt wurde. Zu diesem Zweck ließ sich der Regent schon 1725 bis 1729 südöstlich von Potsdam die Parforceheide als großes Jagdrevier erschließen. Vom Zentrum eines Wegesterns aus verliefen sechzehn strahlenförmig angeordnete Schneisen durch das flache, wald- und wildreiche Terrain. Diese sogenannten Gestelle ermöglichten die hindernisfreie Hatz des Wildes. Das nach seiner Lage benannte Jagdschloss wurde entgegen damaliger Konvention nicht im Mittelpunkt des Sterns, sondern leicht versetzt erbaut. Hinter der Backsteinfassade mit einem Schweifgiebel und drei Fensterachsen liegt der Saal, als einziger repräsentativer Raum ausgestattet mit gelb gestrichenen Wandvertäfelungen und geschnitzten Ornamenten, Gemälden und Trophäen. Eine gefliese Küche, ein Adjutanten- und ein Schlafzimmer mit einer einfachen Bettnische bilden die übrigen Räumlichkeiten des Schlosses, deren zweckmäßige Einrichtung dem Beispiel der bürgerlichen Wohnkultur Hollands folgt. Die Nebengebäude, ein Kastellanshaus und ein Stall, wurden einheimischer Tradition folgend als Fachwerkbauten ausgeführt.

Das Jagdschloss Stern zeugt nicht nur vom bürgerlich geprägten Geschmack Friedrich Wilhelms I. Es ist vor allem Ausdruck seiner Wertschätzung der holländischen Backsteinarchitektur, die er als Kronprinz auf Reisen kennengelernt hatte. Nach der Vollendung seines Jagdschlosses ließ der König das Holländische Viertel in Potsdam im selben Stil errichten.

Der holzgetäfelte Saal mit Schnitzereien und Jagdtrophäen erstreckt sich als repräsentativer Raum des Jagdschlosses über die gesamte Breite des Gebäudes.

Das als holländisches Bürgerhaus gestaltete Jagdschloss Stern ist das einzige Schloss, das Friedrich Wilhelm I. erbauen ließ.

Schloss und Park Sanssouci

Elegant in die Breite gelagert und vom Lauf der Zeit scheinbar unberührt ruht Schloss Sanssouci auf dem Plateau des Weinberges. In nur zweijähriger Bauzeit wurde die Sommerresidenz Friedrichs des Großen in den Jahren 1745 bis 1747 nach Plänen des Architekten Georg Wenzeslaus von Knobelsdorff und nach Vorgaben des Bauherrn errichtet. Im Jahr zuvor war auf Geheiß Friedrichs der vor den Toren Potsdams gelegene »Wüste Berg«, der einen weiten Blick in eine reizvolle Landschaft bot, terrassiert worden. In kurzer Zeit entstanden am Südabhang des Berges sechs geschwungene Terrassen. In verglasten Nischen wurden Weinreben aus Italien, Frankreich und Portugal kultiviert, an den Mauern zwischen den Nischen gedieh Spalierobst. Der eingeschossige, langgestreckte und leuchtend gelb gestrichene Schlossbau folgt in freier Gestaltung dem Typus des »Maison de Plaisance«, des französischen Lustschlosses, und beherbergt zwölf kostbar ausgestattete Räume zu ebener Erde, die durch Flügeltüren direkt von der Terrasse aus zu betreten sind. An der Nordseite des Schlosses bilden zwei viertelkreisförmige Säulenkolonnaden einen Ehrenhof.

Mit der Lage auf dem Weinberg war das Motiv für die dekorative Ausschmückung des Schlosses vorgegeben. Der Bildhauer Friedrich Christian Glume schuf an der Südfassade 36 paarweise angeordnete gebälktragende Karyatiden als fröhliche und trunkene, mit Weinlaub geschmückte Bacchanten und Bacchantinnen. Auch in den Innenräumen des Schlosses, mit denen Johann August Nahl d. Ä., die Gebrüder Johann Michael Hoppenhaupt d. Ä. und Johann Christian Hoppenhaupt d. J. sowie Knobelsdorff ein Kunst- und Hauptwerk des friderizianischen Rokoko schufen, setzt sich das Weinthema und die damit verbundene Vorstellung von heiterem Lebensgenuss in arkadischer Umgebung in üppigen Stuckarbeiten, Reliefs, Skulpturen und Gemälden fort.

Das Schloss Sanssouci, als ein Hauptwerk deutscher Rokokoarchitektur in nur zweijähriger Bauzeit von Georg Wenzeslaus von Knobelsdorff errichtet, war von 1747 bis zu seinem Tod die Lieblingsresidenz Friedrichs des Großen.

Friedrich der Große von Anton Graff (um 1781).

Das repräsentative Zentrum des Schlosses bildet der prachtvolle Marmorsaal, nach Friedrichs Worten dem Pantheon in Rom frei nachgebildet. Hier fanden zu besonderen Anlässen die berühmten Tafelrunden Friedrichs II. statt, an denen führende Köpfe der Zeit teilnahmen und deren prominentester Gast der französische Philosoph und Aufklärer Voltaire war. Dem Marmorsaal liegt das Vestibül, in dem das Säulenthema des Hofes fortgeführt wird, als Empfangszimmer gegenüber. Östlich befinden sich die fünf Zimmer Friedrichs, zu deren kostbarsten das Konzertzimmer gehört. In diesem festlichen Raum, nach Art eines Spiegelsaales gestaltet und vom Hofmaler Antoine Pesne mit fünf großen Wandgemälden ausgestattet, wirkte Friedrich, ein talentierter Querflötenspieler, bei den Aufführungen seines Hoforchesters als

Blick von den Kolonnaden über den Ehrenhof zur Historischen Mühle.

Solist. Die Räume des Schlosses liegen in einer Enfilade, einer Zimmerflucht mit axial angeordneten Verbindungstüren. Eine Ausnahme hiervon bildet das Kleinod der mit Zedernholz getäfelten Bibliothek im östlichen Rundbau mit ihren über 2 200 Bänden, die Friedrichs privates, den Blicken und dem Zutritt Anderer entzogenes Refugium bildete. Sie ist nur vom Schlaf- und Arbeitszimmer des Königs aus zu erreichen. Den Westflügel des Schlosses nehmen fünf Gästezimmer ein. Das prominenteste von ihnen ist das sogenannte Voltairezimmer, dessen naturalistisch bemalte Holzschnitzereien exotische Tier- und Pflanzenmotive zeigen. Der von Friedrich dem Großen gewählte Name sans souci – ohne Sorge – sollte

Programm sein. Anknüpfend an die unbeschwerten Kronprinzenjahre in Rheinsberg wollte Friedrich hier, weitab vom Hofstaat, so privat wie möglich leben und seinen musischen und philosophischen Neigungen nachgehen, sich als »Philosoph unter Philosophen« in geistreichen Gesprächen ergehen und sich ungestört seiner schriftstellerischen Tätigkeit widmen.

Friedrich der Große bewohnte sein Schloss Sanssouci fast vier Jahrzehnte lang in der Zeit von April bis Oktober. Er verstarb im Jahr 1786 in seinem Schlaf- und Arbeitszimmer. Sein Wunsch, in einer schlichten, schon 1744 angelegten Gruft auf dem Weinbergplateau neben seinen Windspielen beigesetzt zu werden, wurde erst an seinem 205. Todestag im Jahr 1991 erfüllt. Das verwohnte Sterbezimmer Friedrichs ließ der Neffe und Thronfolger, Friedrich Wilhelm II., vom Architekten Friedrich Wilhelm von Erdmannsdorff aus Wörlitz im frühklassizistischen Stil neu gestalten.

Friedrich Wilhelm IV., Urgroßneffe und dritter Nachfolger Friedrichs II., erwählte im Jahr seiner Thronbesteigung 1840 Schloss Sanssouci zu seiner Sommerresidenz. Aus Respekt vor seinem großen Vorgänger ließ er die Räume Friedrichs nahezu unangetastet und bewohnte mit seiner Gemahlin Elisabeth von Bayern den Gästebereich des Schlosses. Um zusätzliche Räumlichkeiten für die Hofhaltung zu gewinnen, ließ der Regent die flachen Wirtschaftsflügel aus friderizianischer Zeit durch seinen Architekten Ludwig Persius erweitern. Neben einer Verlängerung um zwei Fensterachsen erhielten sie ein Obergeschoss und wurden so der Höhe des Schlosses angeglichen. Der einfühlsamen Hand des Architekten ist durch die harmonische Verbindung von Altem und Neuem zu verdanken, dass die Gebäude kaum als Anbauten des 19. Jahrhunderts zu erkennen sind. Im östlichen Flügel wurde eine große Schlossküche untergebracht, der Westflügel beherbergte im Erdgeschoss drei Wohnungen für Hofdamen. Im Obergeschoss richtete man zwei Kavaliers- und eine Damenwohnung ein. In Anlehnung an das Hauptgebäude erhielten die Wohnräume des Damenflügels eine Ausstattung im Stil des Zweiten Rokoko. Bemerkenswert ist das grün getäfelte und silberdekorierte »Traumzimmer«, das Persius einem Traumbild Friedrich Wilhelms nachgestaltete.

Bei der Anlage des Gartens, die sich über drei Jahrzehnte erstreckte, griff Friedrich, wie schon beim Bau seines Lustschlosses, immer wieder persönlich gestaltend ein. Den Mittelpunkt der von Knobelsdorff geplanten symmetrischen Anlage bildete das von zwölf Marmorskulpturen umgebene Fontänenrondell, in einem barocken Broderieparterre am Fuß des Weinberges gelegen. Westlich davon, an beiden Seiten der schnurgerade vom Obelisken bis weit in den Rehgarten verlaufenden Hauptallee, wurde das Boskett angelegt, ein Lustwäldchen mit beschnittenen Büschen und Bäumen, gegliedert durch Rondelle und symmetrisch angeordnete Wege. Nach dem Bau des Neuen Palais, das die Hauptallee nach Westen abschließt, bildete der als früher Landschaftsgarten gestaltete Rehgarten das Bindeglied von neuem Schloss und Lustgarten.

Der dem Ehrenhof von Schloss Sanssouci gegenüberliegende Ruinenberg erhielt seinen Namen wegen seiner von antiken Ruinen inspirierten Staffagebauten, die einen Point de Vue bilden und ein Wasserbassin für die Speisung der Wasserspiele im Park umgeben.

Der Mittelrisalit des Schlosses mit Namenszug und den von Friedrich Christian Glume geschaffenen Bacchanten und Bacchantinnen.

Wie schon der Weinberg, so verband auch der Garten das Nützliche mit dem Schönen. Der Anbau von Obst und Gemüse zur Versorgung des Hofes spielte eine bedeutende Rolle. In Heckenquartieren, vor allem im östlichen Bereich der Hauptallee, wurden Obstplantagen mit zahlreichen Bäumen angelegt und in einer Reihe von Treib- und Gewächshäusern Obst und Gemüse kultiviert. 1747 entstand zur Überwinterung der wertvollen Orangenbäume westlich des Schlosses, auf halber Höhe des Weinberges, eine Orangerie, die später zu den Neuen Kammern umgebaut werden sollte.

Die Nachfolger Friedrichs des Großen ließen weite Bereiche des Parks von Gartenkünstlern wie Johann August Eyserbeck und Peter Joseph Lenné landschaftsgärtnerisch umgestalten, wobei die barocke Hauptallee erhalten blieb.

Friedrich Wilhelm IV. war intensiv um die Erhaltung und Erweiterung des Parks Sanssouci bemüht. Bereits als Kronprinz bereicherte er den friderizianischen Garten um den südlich gelegenen Park Charlottenhof, von Lenné im Stil des englischen Landschaftsgartens gestaltet. Der König ermöglichte die Wasserspiele, die schon Friedrich geplant, aber wegen technischer Probleme nie hatte verwirklichen können, und ergänzte den Park durch kleinere Anlagen wie den Nordischen und den Sizilianischen Garten sowie den Marlygarten.

Schloss und Park Sanssouci   49

Das Konzertzimmer, ein Hauptwerk des friderizianischen Rokoko,
war der Schauplatz der berühmten Flötenkonzerte des Königs.

Rechte Seite:
Im Marmorsaal, von Knobelsdorff in Anlehnung an den Pantheon
in Rom entworfen, fanden zu besonderen Anlässen die legendären
Tafelrunden Friedrichs des Großen statt.

Die nach einem einheitlichen Schema gestalteten Gästezimmer, wie das 3. Gästezimmer mit seiner rot-weißen Wandbespannung, waren weniger prächtig als die Räume des Königs ausgestattet.

In seinem Wohn- und Arbeits-zimmer verstarb Friedrich der Große am 17. August 1786. Sein Nachfolger Friedrich Wilhelm II. ließ das Zimmer noch im selben Jahr früh-klassizistisch umgestalten.

Rechte Seite:
Das Raumkunstwerk der mit Zedernholz getäfelten Bibliothek war das private Refugium Friedrichs II.

Kleine Galerie, Statue der Athena mit dem Erechthoniosknaben. Kopie des römischen Originals.

Friedrich stattete die Kleine Galerie mit kostbaren Skulpturen und Gemälden aus, darunter der »Jahrmarkt der Komödianten« von Antoine Watteau (um 1715).

»Der Brautzug« von Antoine Watteau (um 1709) in der Kleinen Galerie.

Details der holzgeschnitzten Wanddekorationen des Voltairezimmers.

Die Bronzeskulptur des
Betenden Knaben vor
der Bibliothek auf der
Ostseite des Schlosses ist
ein Nachguss des 1747 von
Friedrich erworbenen antiken
Originals.

Linke Seite:
Das Voltairezimmer wurde
nach dem französischen
Aufklärer und Schriftsteller
benannt, der von 1750 bis 1753
auf Einladung Friedrichs in
Potsdam weilte.

Nach der Terrassierung des Weinberges und noch vor dem Bau seines Sommerschlosses ließ sich Friedrich 1744 eine Gruft anlegen, in der er erst 1991 seine letzte Ruhestätte fand.

In unmittelbarer Nähe des Schlosses Sanssouci befand sich eine Bockwindmühle aus dem Jahr 1738, die Friedrichs Nachfolger Friedrich Wilhelm II. durch eine Holländermühle ersetzen ließ. Die Wiederherstellung der 1861 zum Denkmal erklärten und 1945 abgebrannten Mühle wurde im Jahr 2003 abgeschlossen.

Die Schlossküche im östlichen Seitenflügel mit einer Kochmaschine aus der Zeit Friedrich Wilhelms IV.

Das Traumzimmer im Damenflügel gestaltete der Architekt Ludwig Persius nach einem Traumbild Friedrich Wilhelms IV.

Die von Georg Franz Ebenhech geschaffene Corradini-Vase im westlichen Lustgarten.

Auch die Sphinx im mittleren Lustgarten ist ein Werk des Bildhauers G. F. Ebenhech.

Blick aus dem Vestibül durch die Kolonnaden des Ehrenhofes zum Ruinenberg. Die antikisierenden Staffagebauten umgeben ein Bassin, das für die Wasserversorgung der Fontänen des Parks erbaut worden war. Der Normannische Turm auf der linken Seite stammt aus der Zeit Friedrich Wilhelms IV.

Friedrich Christian Glume schuf für das Musenrondell acht Marmorskulpturen, darunter Klio, die Muse der Geschichtsschreibung.

Blick über die skulpturenumstandenen Fontänenbecken durch die Hauptallee zum Neuen Palais.

Blick in den westlich des Lustgartens gelegenen Rehgarten. Auch er gehörte zu den von Peter Joseph Lenné ab 1821 landschaftlich gestalteten Parkbereichen.

Bildergalerie

Der Wunsch Friedrichs II. nach einer Präsentation von Gemälden und Skulpturen in einem eigenen Gebäude und nach einer damit verbundenen Aufwertung seiner Sommerresidenz führte 1755 zum Bau der Bildergalerie. Die Wahl des Standortes fiel auf die östliche Seite des Weinberges, ein Stück unterhalb des Schlosses Sanssouci. Der vom Baumeister Johann Gottfried Büring ausgeführte Bau sollte das Pendant zum westlich gelegenen Orangenhaus bilden, den späteren Neuen Kammern. Es entstand ein langgestrecktes, eingeschossiges und nach Süden ausgerichtetes Gebäude mit einem vorspringenden, überkuppelten Mittelbau. Zwischen den Fenstern fanden 18 Marmorskulpturen Platz, die Künste und Wissenschaften symbolisieren.

Einen wirksamen Kontrast zu der relativ schlichten Fassadengestaltung bildet das prunkvoll mit weißem und gelbem italienischem Marmor, üppigen Vergoldungen und Skulpturen ausgestattete Innere des Gebäudes. Die beiden Galeriesäle und der Mittelsaal erstrecken sich fast über die gesamte Länge des Gebäudes. Die Bilder, die in vergoldeten Rahmen in dichter Hängung die Nordwand bedecken, wurden zum größten Teil eigens für das neu errichtete Gebäude erworben. Schon vor dem Baubeginn, dessen Ende sich wegen des Siebenjährigen Krieges bis 1763 verzögerte, hatte Friedrich den Kauf von Gemälden in Auftrag gegeben. Der König ließ sich bei der Auswahl der Bilder von seinem persönlichen Geschmack leiten. Hatte er in jüngeren Jahren vor allem mit Watteau und dessen Schülern die zeitgenössischen französischen Maler bevorzugt, so ließ er nun durch Mittelsmänner hauptsächlich Werke der italienischen Renaissance und des niederländischen und flämischen Barock ankaufen, wobei Friedrich die hochangesehenen großformatigen Historiengemälde besonders schätzte. Ein Kabinett an der Ostseite des Gebäudes nahm die Gemälde kleineren Formats auf. Die Sammeltätigkeit des Königs endete, als die Bildergalerie ausgestattet war. Im Jahr 1770 beherbergte die Galerie 168 Ge-

Der Wunsch Friedrichs des Großen nach einem Gebäude zur Präsentation kostbarer Gemälde und Skulpturen führte ab 1755 zum Bau der Bildergalerie, dem ersten eigenständigen Museumsbau in Deutschland.

mälde. Zu den bedeutendsten Stücken zählen Werke wie »Der ungläubige Thomas« von Caravaggio, »Der Tod der Kleopatra« von Guido Reni und Peter Paul Rubens' »Amazonenschlacht«. Zukunftsweisend war das System, nach dem Friedrich die Bilder hängen ließ. Nach Malschulen geordnet, befanden sich im westlichen und im mittleren Saal die Gemälde der niederländischen Meister, im Ostflügel die italienischen Werke.

Ein bedeutender Teil der Sammlung gelangte 1829 in die neu gegründete Gemäldegalerie im Alten Museum in Berlin. Diese Lücke wurde, wie die nach dem Zweiten Weltkrieg entstandene, mit Bildern aus den Königsschlössern und Neuerwerbungen aufgefüllt. Die Bildergalerie ist heute der älteste noch genutzte fürstliche Museumsbau in Deutschland.

Blick in den Westsaal der Bildergalerie. Hier zeigte Friedrich in dichter Hängung die Werke der niederländischen Meister.

Der Liebesgarten von Peter Paul Rubens (nach 1732). Das Gemälde gehört seit 1763 zum Bestand der Bildergalerie.

Eines der Hauptwerke der Bildergalerie: Der ungläubige Thomas von Caravaggio.

Neue Kammern

Um seine Gäste trotz der begrenzten Zahl von Quartieren im Weinbergschloss in unmittelbarer Nähe unterbringen zu können, ließ Friedrich der Große das westlich unterhalb des Schlosses Sanssouci gelegene Orangeriegebäude zu einem Gästeschloss umbauen. Das Pflanzenhaus war 1747 nach Plänen Georg Wenzeslaus von Knobelsdorffs für die Überwinterung wertvoller südländischer Kübelpflanzen erbaut worden. In den Sommermonaten hatten die sieben leerstehenden Hallen der Orangerie als Veranstaltungsort für Bälle, Konzerte, Theater- und Opernaufführungen gedient. Nach der Errichtung von zwei Ersatzbauten für die Pflanzen leitete der Baumeister Georg Christian Unger in den Jahren 1771 bis 1775 den Umbau zu einem Gästeschloss. Der sonst nur wenig veränderte Außenbau erhielt in Anlehnung an die Bildergalerie eine Kuppel. Die Ausstattung der Innenräume im Stil des späten friderizianischen Rokoko lag in den Händen von Johann Christian Hoppenhaupt d. J. Im Ostflügel entstand eine Folge von vier Sälen, deren dekorative Ausstattung sich von der Blauen Galerie bis hin zum unter der Kuppel gelegenen Hauptsaal steigert. Die Ovidgalerie, die als Spiegelgalerie französischen Vorbildern folgt, schmückten die aus Bayreuth stammenden Gebrüdern Räntz mit zahlreichen vergoldeten Reliefs, die Motive aus den »Metamorphosen« des römischen Dichters Ovid zeigen. Daran anschließend liegt im Zentrum des Schlosses der als Festsaal fungierende Jaspissaal, benannt nach dem Halbedelstein, mit dem Boden und Wandfelder verkleidet sind. Den Westflügel des Gebäudes, für das sich bald der Name Neue Kammern etablierte, nehmen in abwechslungsreicher Gestaltung die drei Wohn- und vier Schlafzimmer des Gästebereiches ein, wie das Grüne Lackkabinett oder das Große und das Kleine Intarsienkabinett.

Die Appartements dienten vornehmlich der Unterbringung ranghoher Militärs während der regelmäßig abgehaltenen Truppenschauen und Herbstmanöver. Friedrich Wil-

Der Mittelrisalit der Neuen Kammern. Das Gästeschloss Friedrichs II. entstand ab 1771 unter der Leitung von Georg Christian Unger durch den Umbau einer Orangerie.

Ein Motiv der Metamorphosen-Reliefs in der Ovidgalerie: Jupiter und Danae.

helm IV., der im Jahr seiner Thronbesteigung 1840 das Schloss Sanssouci zu seiner Sommerresidenz erkor, ließ die Neuen Kammern von seinem Architekten Ludwig Persius in den Jahren 1842 bis 1843 umgestalten. Der Bau erhielt auf der Nordseite einen Säulengang und einen Portikus auf der Westseite. Um einer größeren Zahl von Gästen Quartier bieten zu können, wurde an der zum Schloss Sanssouci gelegenen Schmalseite eine aus zwei Räumen bestehende Loggia angebaut. Die Wohnzimmer des Gästetrakts erhielten Alkoven, die sich hinter unauffälligen Wandeinschnitten verbergen. Sie nehmen den Raum der Dienerkammern ein, die in das neu entstandene Obergeschoss auf der Nordseite versetzt wurden. Einige der Zimmer dienten den Hofdamen von Königin Elisabeth, der Gemahlin Friedrich Wilhelms IV., als Logis.

Der prachtvolle Jaspissaal liegt als Festsaal unter der Kuppel im Zentrum des Schlosses. Benannt wurde er nach dem roten Halbedelstein, mit dem Wände und Boden verziert sind.

Die Ovidgalerie wurde als Konzertsaal in der Tradition französischer Spiegelsäle gestaltet. Die Gebrüder Räntz schufen vierzehn vergoldete Stuckreliefs nach Szenen aus Ovids Metamorphosen, einem Lieblingsbuch Friedrichs.

Die Gestaltung des ovalen Buffetsaals mit einem Prunkbuffet steht in der barocken Tradition verspiegelter Porzellankabinette.

Neue Kammern   69

Neues Palais

Unmittelbar nach dem Ende des Siebenjährigen Krieges, der das Land an den Rand des Untergangs gebracht hatte, nahm Friedrich der Große den Bau des imposanten Neuen Palais in Angriff. Das repräsentative Schloss, das der Regent als seine »Fanfaronade«, seine Prahlerei, bezeichnete, hatte Symbolcharakter. Es sollte ein Zeichen der Macht eines siegreich und erstarkt aus dem Krieg hervorgegangenen Preußens sein.

Die Planungen, an denen Friedrich II. wie bei all seinen Bauvorhaben mitwirkte, stammten aus der Feder Johann Gottfried Bürings, der 1765 von dem aus Bayreuth berufenen Baumeister Carl von Gontard abgelöst wurde. Als Hauptwerk der späten friderizianischen Architektur entstand von 1763 bis 1769 in nur siebenjähriger Bauzeit eine weitläufige barocke, einen Ehrenhof umgebende Dreiflügelanlage mit über 300 Zimmern. Die langgestreckte und mächtige Fassade des zweieinhalbgeschossigen Gebäudes wird durch den hervortretenden, mit einer Scheinkuppel bekrönten Mittelbau des Corps de Logis und von Sandsteinpilastern gegliedert, die beide Hauptgeschosse und das Mezzanin verbinden. Korrespondierend mit dem Hauptbau wurden auch die kleinen eingeschossigen Eckpavillons, die sich nördlich und südlich anschließen, mit Kuppeln versehen. Über 400 Skulpturen, Figuren aus der antiken Sagen- und Götterwelt, schmücken die Fassade und die Dachbalustrade. Sie sind das Werk einer großen Zahl von Bildhauern, unter ihnen Johann Peter Benckert und die Gebrüder Johann David und Johann Lorenz Wilhelm Räntz aus Bayreuth. Den westlichen Abschluss der Anlage bilden die Communs, zwei palastartige, ebenfalls überkuppelte Wirtschaftsgebäude. Sie boten Raum für Küchen, Wirtschaftsräume, Hofstaat und Dienerschaft und verbargen das hinter ihnen liegende Ödland. Die Gebäude, die Entwürfen Jean Laurent Le Geays und Carl von Gontards folgen, sind durch eine halbrunde Säulenkolonnade verbunden, die sich in der Mitte zu einem Triumphtor öffnet.

Unmittelbar nach dem Ende des Siebenjährigen Krieges gab Friedrich der Große den Bau des Neuen Palais in Auftrag. Seine »Fanfaronade« sollte das Symbol eines erstarkten Preußens sein.

Gemäß seiner Bestimmung als Schloss für fürstliche Gäste ließ der Bauherr im Neuen Palais eine Reihe prunkvoll ausgestatteter Appartements nach eigenen Entwürfen einrichten, darunter das Untere und das Obere Fürstenquartier, die Prinzess- und die Heinrich-Wohnung. Mit der Ausstattung der Gästewohnungen im Stil des späten friderizianischen Rokoko war Johann Christian Hoppenhaupt d. J. betraut. Für das neue Schloss wurde eine Vielzahl künstlerisch bedeutender Ausstattungsgegenstände erworben oder in Auftrag gegeben, wie italienische und niederländische Barockgemälde und monumentale Deckenbilder, Porzellane und Mobiliar. Vom virtuosen Können der Kunsttischler zeugen zahlreiche mit kostbaren Intarsien und vergoldeten Beschlägen verzierte Prunkmöbel. Ihre Schöpfer waren vor allem Johann Melchior Kambly und die Brüder Johann Friedrich und Heinrich Wilhelm Spindler. Herausragend sind die von Gontard ausgestatteten prachtvollen Festsäle und Galerien im Hauptbau, der Grottensaal und die Marmorgalerie im Erdgeschoss sowie der Marmorsaal und die Obere Galerie im Obergeschoss. Die künstlerisch bedeutendste Leistung stellt neben den Festsälen die Königswohnung mit ihrem Musikzimmer, der Bibliothek und den Arbeitskabinetten dar, die sich der eigensinnige König nicht standesgemäß im Corps de Logis, sondern abgelegen im kleinen Südflügel einrichten ließ. Die beiden Obergeschosse des großen Südflügels beherbergen das Schlosstheater, das Johann Christian Hoppenhaupt d. J. mit amphitheatralisch ansteigendem Parterre und mit von vergoldeten Hermen gegliederten Rängen gestaltete. Friedrich der Große, der auf eine eigene Loge verzichtete, ließ in seinem Theater, das bis heute bespielt wird, italienische Opern und französische Dramen aufführen.

Gartenseitig wurde das neue Schloss durch ein Rasenhalbrund und Skulpturen mit dem Rehgarten verbunden, einem von Friedrich Zacharias Salzmann gestalteten frühlandschaftlichen Waldpark. Die durch das ehemalige Jagd- und Wildrevier führende und von Heckenquartieren gesäumte Hauptallee stellte die Verbindung zwischen dem Lustgarten zu Füßen des Weinberges und dem Neuen Palais her. Vermittelnd zwischen Rehgarten und Rasenrondell, aus-

Die palastartigen Communs beherbergten die Küchen und sonstigen Wirtschaftsräume und dienten der Unterbringung von Dienerschaft und Hofstaat.

gerichtet auf die Eckpavillons des Neuen Palais, entstanden 1768 bis 1770 nach einer Idee Friedrichs und nach Plänen Gontards zwei antikisierende Rundtempel. Der südlich der Hauptallee gelegene offene Freundschaftstempel ist dem Andenken an die 1758 verstorbenen Lieblingsschwester des Königs, Wilhelmine von Bayreuth, gewidmet. Das nördliche Pendant bildet der Antikentempel als kleiner abgeschlossener Museumsbau, in dem Friedrich Stücke seiner Antikensammlung verwahrte. Seit 1921 ist der Antikentempel das Mausoleum der im holländischen Exil verstorbenen Kaiserin Auguste Viktoria.

Nach dem Tod Friedrichs des Großen im Jahr 1786 wurde es still im Neuen Palais, das, nur noch selten bewohnt, gelegentlich als Kulisse für Festlichkeiten des preußischen Hofes diente. Erst ab 1859 erlebte das Schloss eine Wiederentdeckung und wurde zum Sommersitz des Kronprinzen Friedrich

Wilhelm, des späteren Kaisers Friedrich III., und seiner Gemahlin Victoria. Der Kaiser benannte das Schloss zu Beginn seiner nur 99 Tage währenden Regierungszeit in Schloss Friedrichskron um. Er verstarb dort im Jahr 1888. Unter seinem alten Namen war das Neue Palais von 1889 bis 1918 die bevorzugte Residenz von Kaiser Wilhelm II. und seiner Gemahlin Auguste Viktoria, die das Schloss von Frühlingsbeginn bis Neujahr bewohnten. Der Kaiser setzte die von seinem Vater begonnenen Modernisierungen fort, sodass das Schloss schließlich über Bäder mit Wasserklosetts, eine Zentralheizung, Elektrizität und einen Fahrstuhl im Nordtreppenhaus verfügte. Der Haupteingang des Schlosses wurde von der Hof- auf die Gartenseite verlegt und die Terrasse vor dem Grottensaal zu einer skulpturengeschmückten Autoauffahrt umgestaltet.

Über eine Länge von zweihundert Metern erstreckt sich am westlichen Ende der Hauptallee die imposante Fassade des Neuen Palais, des größten Schlossbaus Friedrichs II.

Der sich zum Garten hin öffnende Grottensaal bildete den offiziellen Zugang zur Königswohnung und den Gästequartieren im nördlichen Erdgeschoss.

Der imposante, von Gontard ausgestaltete Marmorsaal erstreckt sich als Hauptfestsaal
über zwei Stockwerke und die gesamte Breite des Mittelrisalits.

Ein Glanzstück des Neuen
Palais ist die Königswohnung,
die sich Friedrich abseits der
Fürstenquartiere und Festsäle
im südlichen Eckpavillon
einrichten ließ. Blick in das
Konzertzimmer.

Das Arbeitszimmer der Königswohnung, die Friedrich nur gelegentlich bewohnte.

Die Prunkkommode im Arbeitszimmer des Königs mit kostbaren Marketerien und versilberten Bronzen ist ein Werk von H. W. Spindler und M. Kambly.

Im nördlichen Seitenflügel richtete Friedrich eine Wohnung für seinen Bruder Heinrich und dessen Gemahlin Wilhelmine ein. Blick aus dem Kabinett der Prinzessin in das Schlafzimmer.

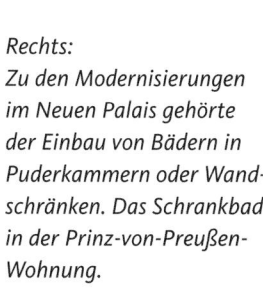

Links:
Im Schlafzimmer des Unteren Fürstenquartiers verstarb Kaiser Friedrich III. im Jahr 1888.

Rechts:
Zu den Modernisierungen im Neuen Palais gehörte der Einbau von Bädern in Puderkammern oder Wandschränken. Das Schrankbad in der Prinz-von-Preußen-Wohnung.

Das Schlosstheater des Neuen Palais zählt zu den wenigen erhaltenen Theatern des 18. Jahrhunderts in Deutschland. Friedrich ließ hier italienische Opern und französische Dramen aufführen. Blick von der Bühne in den Zuschauerraum.

Der Freundschaftstempel im Rehgarten ist dem Andenken an Wilhelmine von Bayreuth gewidmet, der 1758 verstorbenen Lieblingsschwester Friedrichs.

Chinesisches Haus und Drachenhaus

Die im 18. Jahrhundert an fürstlichen Höfen kultivierte Chinamode fand ihren Ausdruck nicht nur in der Sammlung und Präsentation kostbarer chinesischer Luxusgüter wie Lackarbeiten, Seidenstoffe und Porzellan. Die asiatischen Zierformen, die in ihrer filigranen Verspieltheit dem Zeitgeschmack entgegenkamen, wurden alsbald nachgeahmt und als Chinoiserien dem Formenkanon des Rokoko hinzugefügt. Diese Mode erfuhr im Park Sanssouci mit dem Chinesischen Haus und dem Drachenhaus auch einen architektonischen Widerhall.

Das Chinesische Haus wurde 1754 bis 1756 nach Vorgaben Friedrichs II. von Johann Gottfried Büring als reizvolle Gartenstaffage in einem abgelegenen Bezirk am Rande des Rehgartens erbaut. Die Einweihung des einstmals hinter hohen Heckenwänden verborgenen Gebäudes verzögerte sich durch den Siebenjährigen Krieg und fand erst am 30. April 1764 mit einem königlichen Mahl statt. Der Grundriss des Pavillons folgt der Form eines Kleeblattes. Einer kreisrunden Halle in der Mitte des Gebäudes schließen sich drei pilzförmige Kabinette an, die außen durch offene Säulenhallen verbunden sind. Als Palmen gestaltete Säulen, die das zeltartig geschweifte Dach der Vorhalle stützen, betonen den exotischen Charakter des Hauses. Den reichen und hochwertigen Figurenschmuck, der das Gebäude umgibt, schufen Johann Peter Benckert und Johann Gottlieb Heymüller. Lebensgroße vergoldete Sandsteinfiguren stellen musizierende und in kleinen Gruppen versammelte heitere, speisende und Tee trinkende Chinesen dar. Auf der Tambourkuppel thront ein von Benjamin Giese geschaffener Mandarin mit aufgespanntem Sonnenschirm. Der Saal wurde von Thomas Huber mit einem phantasievollen illusionistischen Wandbild versehen, das eine idealisierte chinesische Szenerie, exotische Vögel und herumtollende Affen zeigt. Der Pavillon beherbergt heute eine Sammlung chinesischer und europäischer Porzellane nach ostasiatischem Geschmack.

Das Chinesische Haus schuf der Architekt Johann Gottfried Büring als reizvolle Kulisse für kleinere Hofgesellschaften.

Sechs Figurengruppen umgeben den Pavillon, darunter die Gruppe der Melonenesser. Sie wurde von Johann Peter Benckert aus vergoldetem Sandstein geschaffen.

Das nach Art einer chinesischen Pagode gestaltete Drachenhaus auf dem Klausberg entstand als letzte Chinoiserie in den Jahren 1770 bis 1772 nach Entwürfen Carl von Gontards. Auf einem achteckigen geschlossenen Erdgeschoss mit vier konkav geschwungenen Wänden ruhen drei offene Laternengeschosse mit hölzernen Balustraden. Die 16 auf den Dachfalten sitzenden Drachenfiguren waren die Namensgeber des Hauses. Das Gebäude, das einige kleine Zimmer und eine Küche aufnahm, sollte ursprünglich als Wohnung des Winzers dienen, der die auf dem Klausberg angebauten Weinreben betreute. Es blieb jedoch über Jahre hinweg unbewohnt, bis nach einer Restaurierung 1787 der Aufseher des Belvederes dort Quartier fand. Seit 1934 wird im Drachenhaus, dem im 19. Jahrhundert eine Reihe von Anbauten hinzugefügt wurde, ein Restaurant betrieben.

Das Drachenhaus wurde als Chinoiserie 1770 bis 1772 von Carl von Gontard erbaut. Als Vorbild diente die Pagode von William Chambers im Londoner Kew Gardens.

Die Geigenspielerin von Johann Gottlieb Heymüller ist eine von zwölf musizierenden Einzelfiguren am Chinesischen Haus.

Den Drachenfiguren auf den Dächern der Pagode verdankt das Gebäude seinen Namen.

Rechte Seite:
Die illusionistische Wand- und Deckenmalerei von Thomas Huber im Chinesischen Haus zeigt eine heitere Szenerie, die mit zahlreichen Chinesen, Buddhafiguren und exotischen Tieren bevölkert ist.

Belvedere auf dem Klausberg

Das Belvedere auf dem Klausberg ist das jüngste der von Friedrich II. im Park Sanssouci errichteten Gebäude. Der weithin sichtbare helle Bau entstand in den Jahren 1770 bis 1772 durch den Baumeister Georg Christian Unger als erster architektonisch inszenierter Aussichtspunkt in Potsdam. Auf elliptischem Grundriss erheben sich zwei Geschosse, die in ein abschließendes Kuppelgeschoss münden, das von Sandsteinskulpturen umstanden ist. Beide Geschosse sind von Säulenumgängen umgeben. Eine doppelläufige Freitreppe auf der Nordseite bildet den Hauptzugang zum Gebäude.

Das Innere des Belvederes bietet lediglich Raum für zwei Säle, die eine reizvolle Kulisse für kleinere Gesellschaften bildeten. Wände und Boden des Saales im Erdgeschoss waren mit rotem Jaspis und weißem und grauem Marmor verkleidet, der Saal im Obergeschoss erhielt einen Parkettboden aus Eichenholz und eine Wandverkleidung aus seladongrünem Stuckmarmor.

Vom Belvedere aus bietet sich ein weiter Blick über den Park und die umgebende Landschaft. Durch diesen Aussichtspunkt, der seinerseits einen malerischen Point de Vue darstellt, und die Gestaltung des benachbarten Terrains fand der Klausberg Einbindung in den Parkbereich des Neuen Palais. Dieser Höhenzug, der den Garten nordöstlich begrenzt, diente einst dem Weinanbau, an zahlreichen Treibmauern gedieh Obst.

Der Zweite Weltkrieg hinterließ das Belvedere auf dem Klausberg als vollständig ausgebrannte Ruine. Die im Jahr 1990 begonnene Restaurierung bzw. Rekonstruktion des Außenbaus konnte 1993 abgeschlossen werden. Nach der teilweisen Wiederherstellung der Innenräume wurde das Belvedere 2003 der Öffentlichkeit übergeben.

Der Saal im Obergeschoss mit Blick auf die Kuppel des Neuen Palais. Das wiederhergestellte illusionistische Deckengemälde von Karl Christian Wilhelm Baron und Friedrich Wilhelm Bock zeigt einen mit Wolken und Vögeln belebten farbigen Himmel.

Das Belvedere auf dem Klausberg gestaltete Georg Christian Unger nach Vorgaben Friedrichs II. als Blickpunkt und Aussichtsplatz. Die Vorlage für das letzte Bauwerk des Königs im Park Sanssouci lieferte Francesco Bianchinis Rekonstruktion von Neros Kaiserpalast im antiken Rom.

Schloss und Park Charlottenhof

Das Schloss Charlottenhof bildet den Mittelpunkt des nach ihm benannten, ab 1826 angelegten Parks, der sich als südliche Erweiterung an den friderizianischen Garten anschließt. Es wurde in den Jahren 1826 bis 1829 als sommerliche Kronprinzenresidenz des späteren Königs Friedrich Wilhelm IV. und seiner Gemahlin Elisabeth von Bayern auf der Grundlage eines Vorgängerbaus aus dem 18. Jahrhundert errichtet. Karl Friedrich Schinkel formte aus einem älteren, nach einer früheren Besitzerin benannten barocken Gutshaus eine von antiken italienischen Vorbildern inspirierte klassizistische Villa, die als ein Hauptwerk des Architekten gilt. Der künstlerisch begabte und architektonisch ambitionierte Kronprinz begleitete die Planung des Gebäudes intensiv mit einer Vielzahl von Skizzen und Entwürfen. Schinkel übernahm nicht nur die bauliche Gestaltung des Schlosses, sondern prägte mit dem Entwurf von Möbeln, Wanddekorationen und anderer Ausstattungsdetails maßgeblich auch die Inneneinrichtung. Das Schloss beherbergt auf kleinem Grundriss neben dem Vestibül, das beide Etagen einnimmt, zehn Wohnräume im Obergeschoss, darunter die Schreibkabinette von Friedrich Wilhelm und Elisabeth, ein Schlaf- und ein Wohnzimmer sowie zwei Zimmer für Hofdamen oder Gäste. Vom repräsentativen Speisesaal im Zentrum des Schlosses führen drei Flügeltüren durch den Portikus auf die durch Erdaufschüttung entstandene Terrasse, die östlich von einer Exedra, einer Rundbank nach antikem Vorbild, und im Süden von einer weinumrankten Pergola abgeschlossen wird. Die kleinen und intimen Wohnräume, deren Interieur fast vollständig erhalten ist, vermitteln mit ihrem privaten Charakter das Bild einer gediegenen bürgerlichen Wohnkultur. Sie sind von einer individuellen farblichen Gestaltung, zurückhaltendem Dekor, erlesenem Kunsthandwerk und Mobiliar geprägt. Den Wandschmuck

Friedrich Wilhelm IV. und Elisabeth von Bayern von Karl Wilhelm Wach (1840).

bilden zahlreiche goldgerahmte Kupferstiche, Aquarelle und Gouachen.

Wie schon bei der Gestaltung der Schlossanlage von Glienicke stand dem Architekten der kongeniale Gartenkünstler Peter Joseph Lenné zur Seite. Auch bei der Anlage des Gartens, ehemals ein flaches und teilweise sumpfiges Terrain, orientierte man sich am Vorbild Italiens. Seine axiale Ausrichtung nimmt vom Hippodrom über die Ildefonso-Skulpturengruppe, den Dichterhain, die Terrasse und den symmetrisch angelegten Rosengarten bis hin zum Maschinenteich einen direkten Bezug zur Hauptachse des Schlosses und bindet es idealtypisch und harmonisch in die Gartenanlage ein. Den weiteren Bereich gestaltete Lenné im Stil des englischen Landschaftsgartens mit Einzelbäumen, Gehölzgruppen, Sichtachsen, effektvoller Bodenmodellierung und einem sensibel angelegten Wegesystem. In den Jahren 1842 bis 1844 bereicherte der Architekt und Schinkel-Schüler Ludwig Persius den westlichen Parkbereich durch den Bau der Fasanerie.

Das kleine klassizistische Schloss Charlottenhof entstand 1826 bis 1829 durch die Umgestaltung eines Vorgängerbaues nach Plänen Karl Friedrich Schinkels und nach Entwürfen des Kronprinzen Friedrich Wilhelm als dessen Sommerresidenz.

Der Speisesaal mit dem von Schinkel entworfenen Büffettisch bildet den Mittelpunkt der Räumlichkeiten.
Zusammen mit dem Vestibül, mit dem er durch eine Flügeltür verbunden ist, bildet er die Hauptachse des Schlosses.

Linke Seite:
Das nach Entwürfen Schinkels gestaltete und über beide
Geschosse reichende Vestibül des Schlosses bildet den Zugang
zu den herrschaftlichen Wohnräumen im Obergeschoss.

Das Zeltzimmer diente als Schlafzimmer für Hofdamen oder Gäste. Schinkel gestaltete es nach dem Vorbild des Zeltzimmers der Kaiserin Josephine in Malmaison bei Paris.

Das von Schinkel entworfene Stibadium im Hippodrom. Die überdachte Ruhebank und die geometrisch angelegte Reitbahn folgen antiken Vorbildern.

Der von Hermann Ludwig Sello im Jahr 1835 angelegte Rosengarten wurde 1885 in einen Blumengarten umgestaltet und 1995 in seinen ursprünglichen Formen rekonstruiert.

Römische Bäder

Als ideelle und ästhetische Ergänzung der südländischen Lebenswelt des Charlottenhofs entstand in direkter Nähe von 1829 bis 1840 der Gebäudekomplex der Römischen Bäder. Mit der Umsetzung der häufig geänderten Pläne von Karl Friedrich Schinkel und dem Kronprinzen Friedrich Wilhelm wurde der Architekt Ludwig Persius betraut, in dessen Händen zuvor schon die Bauausführung des Charlottenhofes gelegen hatte. Der ländliche Gegenentwurf zu der fürstlichen Wohnanlage vereint als asymmetrisch gegliedertes Gebäudeensemble eine Reihe verschiedenartiger Baukörper, die durch Pergolen, Arkaden, Gärten und Lauben zu einer ausgewogenen, mediterranen Komposition vereint werden. Neben dem Gärtnerhaus im Stil eines toskanischen Landhauses des 15. Jahrhunderts, das die Wohnung des Gärtners und Gästezimmer beherbergte, entstand ein Turm auf quadratischem Grundriss als Höhenakzent, ein südländisch geprägtes Gehilfenhaus und ein Teepavillon am Maschinenteich in Gestalt eines griechischen Tempels. Der künstlich angelegte kleine See wurde nach einem ehemals am Rosengarten gelegenen Dampfmaschinenhaus benannt, das dem Betrieb der Fontänen gedient hatte. Hinter einer offenen Arkadenhalle, die den Innenhof nördlich begrenzt, birgt die Nachbildung eines römischen Wohnhauses das Bad, das dem Gebäudeensemble den Namen verlieh. Die im pompejanischen Stil gestaltete Therme nimmt mehrere Räume ein, wie das Atrium, das Impluvium, das Apodyterium und das Caldarium. Die Anlage stellt keine exakte Rekonstruktion eines römischen Bades dar, sondern eine freie und spielerische Variation verschiedener Elemente antiker Innenarchitektur und wurde nie als Therme genutzt. Die Räume erhielten phantasievolle antikisierende Wandmalereien und wurden mit Antikenkopien und zeitgenössischen Skulpturen dekoriert.

Den wasserspeienden Butt schuf Christian Daniel Rauch 1833 nach Skizzen Friedrich Wilhelms.

Die Römischen Bäder von der Westseite. Der malerische Baukomplex entstand als Ausdruck der Italienbegeisterung Friedrich Wilhelms in den Jahren 1829 bis 1840 nach Plänen von Karl Friedrich Schinkel und Ludwig Persius.

Blick aus dem Atrium in das Impluvium, benannt nach dem Hauptraum des römischen Hauses und dem in den Fußboden eingelassenen Sammelbecken für Regenwasser. Die kolossale Wanne aus grünem Jaspis war ein Geschenk des Zaren Nikolaus I. an seinen Schwager Friedrich Wilhelm.

Das Caldarium ist als das Warmwasserbad der römischen Therme der Hauptraum des Bades.
Hinter den vier Karyatiden aus Marmor liegt das in den Boden eingelassene Wasserbecken.

Dampfmaschinenhaus

Das unter Friedrich Wilhelm IV. in den Jahren 1841 bis 1843 vom Architekten Ludwig Persius erbaute Dampfmaschinenhaus ermöglichte mit einer 14 Kolbenpumpen antreibenden Dampfmaschine der Berliner Firma Borsig erstmals den Betrieb der Fontänen im Park von Sanssouci. Friedrich der Große hatte bereits ein Bassin auf dem Ruinenberg anlegen lassen, um mit dem Gefälledruck des 40 Höhenmeter durch eine Rohrleitung talwärts strömenden Wassers die Fontänen des Parks zu speisen. Das Unternehmen scheiterte jedoch an dem Versuch, das Havelwasser auf den Berg zu pumpen. Nach jahrzehntelangem Experimentieren und einer Unsumme vergeblich ausgegebenen Geldes wurden 1780 auf Befehl Friedrichs alle Bemühungen eingestellt. Der König musste auf die Wasserspiele und damit auf ein zentrales Element barocker Gartengestaltung verzichten. Friedrich Wilhelm IV. wählte als Standort für das Pumpwerk die Havelbucht aus, zu deren Verschönerung es beitragen sollte. Es wurde eine Druckleitung vom Maschinenhaus bis zum Bassin auf dem Ruinenberg verlegt und ein weitverzweigtes Rohrleitungssystem im Park zur Speisung der Fontänen. Die Einweihung der 81,4 PS leistendenden und damit größten in Deutschland erbauten Dampfmaschine fand im Oktober des Jahres 1842 statt. Mit ihr gelang es nach beinahe 100 Jahren endlich, das Bassin auf dem Ruinenberg mit Havelwasser zu füllen und den Fontänenbetrieb im Park dauerhaft sicherzustellen. Der Bau des Dampfmaschinenhauses wurde im Einklang mit dem damals herrschenden Stilpluralismus nach Art einer ägyptischen Grabmoschee mit farbig glasierten Ziegelbändern, einer Tambourkuppel und einem schlanken Minarett als Schornstein ausgeführt. Auch der Maschinenraum im Inneren greift die-

Detail der von der Berliner Firma August Borsig konstruierten 80-PS-Dampfmaschine. Sie ermöglichte erstmals den Betrieb der Fontänen und Wasserspiele im Park Sanssouci.

ses gestalterische Thema auf, wobei hier südspanische Moscheen als Vorbild dienten. Die maurischen Arkaden, welche die Dampfmaschine als Stützkonstruktion umschließen, kombinieren Stilformen der Alhambra und der Moschee von Cordoba und verleihen dem Maschinenraum mit der orientalisierenden Schablonenmalerei der Wände eine beinahe sakrale Atmosphäre. Bis heute versorgt das Dampfmaschinenhaus den Park Sanssouci über das Bassin auf dem Ruinenberg mit Havelwasser, allerdings nicht mehr mit der Dampfmaschine, die den Mittelpunkt eines kleinen Technikmuseums bildet, sondern mittels zweier elektrischer Pumpen.

Das einer ägyptischen Grabmoschee nachempfundene Pumpwerk wurde 1841 bis 1843 von Ludwig Persius erbaut.

Normannischer Turm

Die Pläne Friedrich Wilhelms IV. zur Erweiterung der Parkanlage von Sanssouci schlossen auch den Ruinenberg und die nördlich gelegene Bornstedter Feldflur ein. Um die landschaftlichen Reize des Umlandes durch einen Aussichtspunkt angemessen würdigen zu können, entstand 1846 auf quadratischem Grundriss der viergeschossige Normannische Turm auf dem Ruinenberg nach Plänen von Ludwig Persius unter der Leitung von Ferdinand von Arnim. Der 23 Meter hohe, zinnenbekrönte Turm im Stil eines mittelalterlichen Wachturms beherbergte ein königliches Teezimmer und die Wohnung des Turmwärters in einem Nebengelass. Er ergänzt kontrastierend die künstlichen antiken Ruinen aus dem 18. Jahr-

hundert, die Friedrich der Große nach Entwürfen von Georg Wenzeslaus von Knobelsdorff und Innocente Bellavite als malerischen Blickpunkt in der nördlichen Verlängerung des Ehrenhofes von Schloss Sanssouci hatte errichten lassen. Die Wand eines Amphitheaters, drei gebälktragende Säulen mit einem Säulenfragment, ein Rundtempel und eine Pyramide umgeben ein ab 1748 erbautes und später vergrößertes Bassin für die Speisung der Parkfontänen.

Schon vor dem Bau des Normannischen Turmes hatte Peter Joseph Lenné dem Ruinenberg und dem nördlich gelegenen Terrain mit der Anlage von Wegen und Gehölzpflanzungen eine landschaftliche Gestaltung gegeben.

Blick von der Viehtränke, einem von Ludwig Ferdinand Hesse entworfenen Springbrunnen, zum Ruinenberg.

Der Normannische Turm auf dem Ruinenberg entstand als Aussichtspunkt und Ergänzung der Staffagebauten Friedrichs des Großen im Jahr 1846 nach Entwürfen von Ludwig Persius.

Friedenskirche und Marlygarten

Den südöstlichen Abschluss des Parks Sanssouci bildet das malerisch-romantische Gebäudeensemble der Friedenskirche, erbaut in den Jahren 1845 bis 1854 von den Architekten Ludwig Persius und Friedrich August Stüler nach Entwürfen Friedrich Wilhelms IV. in Anlehnung an italienische Vorbilder verschiedener Epochen. Das spirituelle Zentrum der Anlage bildet die dreischiffige Säulenbasilika, die dem Vorbild der frühchristlichen Kirche San Clemente in Rom nachgestaltet wurde und weit in den künstlich angelegten Friedensteich hineinragt. Der freistehende Glockenturm folgt dem Campanile der ebenfalls römischen Kirche Santa Maria in Cosmedin. Die Baugruppe bringt die Kirche, mehrere klosterähnliche Nebengebäude wie ein Pfarr- und Schulhaus, ein Pförtnergebäude und einen Kavalierflügel in architektonischen Einklang. Inspiriert von romanischen Sakralbauten erhielt die Anlage mit dem Atrium und dem Kreuzgang zwei säulenumstandene Höfe, verziert, wie der am Wasser gelegene überdachte Säulengang, mit mittelalterlichen Spolien und Reliefs. Pergolen, Altane und Bogenhallen schaffen eine kunstvolle und harmonische Verbindung der Gebäude. Die Apsis des reich mit verschiedenen Marmorarten ausgestatteten Kircheninneren ist mit einem nördlich der Alpen einzigartigen italienisch-byzantinischen Mosaik aus der ersten Hälfte des 13. Jahrhunderts ausgeschmückt, das der Kirche San Cipriano auf Murano bei Venedig entstammt. Friedrich Wilhelm hatte es 1834 vor dem Abriss der Kirche erstanden und die Maße der Apsis genau auf die Größe des Mosaiks abstimmen lassen. In einer Gruft unter dem Chorraum fanden der Bauherr und seine Frau, Elisabeth von Bayern, ihre letzte Ruhestätte.

In den Jahren 1888 bis 1890 errichtete Julius Raschdorff an der Nordseite des Atriums das Mausoleum Kaiser Friedrichs III. als Kuppelrotunde, die die Sarkophage mit den von Reinhold Begas geschaffenen Liegeskulpturen des Kaisers und seiner Gemahlin Victoria aufnahm.

Das Apsis-Mosaik mit dem thronenden Christus aus der ersten Hälfte des 13. Jahrhunderts stammt aus der Kirche San Cipriano auf Murano bei Venedig. Friedrich Wilhelm erstand es während einer Italienreise und ließ die Kuppel über dem Altarraum auf die Größe des Mosaiks abstimmen.

Der Friedens- und der Marlygarten bilden den stimmungsvollen landschaftlichen Rahmen der klösterlichen Anlage. Mit der Umgestaltung des sich westlich anschließenden Marlygartens schuf der Gartenkünstler Peter Joseph Lenné auf kleinstem Raum eines seiner Meisterwerke. Der Garten war einst vom »Soldatenkönig« Friedrich Wilhelm I. als schmuckloser Küchengarten angelegt und parodistisch nach einem prachtvollen Garten des französischen »Sonnenkönigs« Ludwig XIV. benannt worden. Lenné formte auf kleinstem Raum einen mustergültigen Landschaftsgarten, der seine Wirkung durch das feinsinnige Arrangement von Bodenmodellierungen und Wegesystem, freien Rasenflächen und Gehölzpflanzungen, Sichtachsen, architektonisch gestalteten Ruheplätzen und Skulpturen zeitgenössischer Bildhauer erzielt.

Das Gebäudeensemble der Friedenskirche entstand 1845 bis 1854 nach italienischen Vorbildern verschiedener Epochen als Ausdruck der romantischen Religiosität des Bauherrn.

Der Kreuzgang an der Friedenskirche. Die Christusfigur ist die Kopie eines Originals des dänischen Bildhauers Bertel Thorvaldsen.

Heinrich Berges schuf die Figur des Mädchens mit Papagei auf einer weiß-blauen Glassäule.

Das von Julius Raschdorff erbaute Mausoleum an der Nordseite des Atriums beherbergt die von Reinhold Begas geschaffenen Sarkophage von Kaiser Friedrich III. und seiner Gemahlin Victoria.

Blick durch den Marlygarten zur Friedenskirche.

Der Säulengang am Friedensteich,
der um der malerischen Spiegelwirkung
willen künstlich angelegt wurde.

Orangerieschloss

Mit der Errichtung der Orangerie auf dem Höhenzug am Nordrand des Parks fand die Tradition fürstlichen Bauens in den Anlagen von Sanssouci ihren glanzvollen Abschluss. In den Jahren 1851 bis 1864 wurden die Pläne zum Bau des Orangerieschlosses verwirklicht, die in einem langwierigen Prozess entstanden waren und noch während der Bauphase häufige Änderungen erfuhren. Die Architekten Ludwig Persius, Friedrich August Stüler und Ludwig Ferdinand Hesse mussten sich eng an die Vorgaben Friedrich Wilhelms IV. halten, dem ein bedeutender schöpferischer Anteil bei der Gestaltung des Schlosses zukommt. Der König, auf den die italienische Architektur Zeit seines Lebens eine große Faszination ausgeübt hatte, fand für die Orangerie Vorbilder in der römischen Villa Medici und den florentinischen Uffizien. Aus dem dominierenden zweigeschossigen Mittelbau, dem ein Säulenhof vorgelagert ist, ragen zwei durch eine Säulenkolonnade verbundene Belvedere-Türme in die Höhe. Die weitläufigen, seitlich anschließenden und nach Süden ausgerichteten Hallen nahmen exotische Kübelpflanzen zur Überwinterung auf. Seitlich wird die Anlage durch weit hervortretende Eckpavillons mit großzügigen Durchfahrten abgeschlossen. Der in der Mitte des Hauptbaus gelegene und nach dem Vorbild der Sala Regia im Vatikan geschaffene prächtige Raffaelsaal vereint die in langer Sammeltätigkeit zusammengetragenen Kopien nach Werken des italienischen Renaissancekünstlers. Zu den nördlich gelegenen Wohnräumen, die im Stil des Zweiten Rokoko ausgestattet wurden, gehört neben dem Schlaf- und dem Arbeitszimmer des Königs ein Gästeappartement mit dem Malachitzimmer, in dem die Zarin Alexandra Feodorowna, die Schwester Friedrich Wilhelms, logierte. Das Orangerieschloss ist das einzige Gebäude, das im Zusammenhang mit der von Friedrich Wilhelm IV. geplanten Triumphstraße ausgeführt wurde. Die von

Das Denkmal Friedrich Wilhelms IV. vor der mittleren Portalöffnung gab seine Witwe Elisabeth 1873 bei dem Bildhauer Gustav Bläser in Auftrag.

Das monumentale, von italienischen Vorbildern inspirierte Orangerieschloss entstand in den Jahren 1851 bis 1864 nach Zeichnungen Friedrich Wilhelms IV. und nach Plänen seiner Architekten.

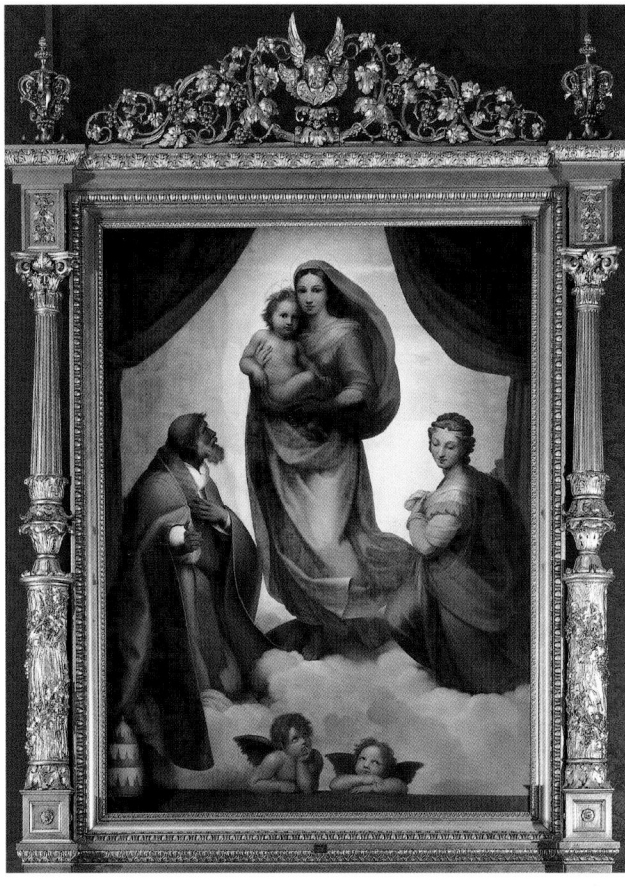

Oben:
Der Raffaelsaal wurde als Zentrum des Orangerieschlosses nach dem Vorbild der Sala Regia im Vatikan zur Präsentation der in langjähriger Sammeltätigkeit zusammengetragenen Kopien nach Werken des italienischen Renaissancemeisters Raffael erbaut.

Links:
Die Sixtinische Madonna Raffaels in einer Kopie von Friedrich Bury.

Rechte Seite unten:
In den langgestreckten Pflanzenhallen überwintern auch heute noch Hunderte südländischer Kübelpflanzen.

Das Malachitzimmer wurde für die Schwester Friedrich Wilhelms, die russische Zarin Alexandra Feodorowna, eingerichtet, die das Zimmer während ihres Besuches im Jahr 1859 bewohnte.

einer Reihe spektakulärer Bauten gesäumte Höhenstraße sollte vom Belvedere auf dem Klausberg durch die Torbögen der Eckpavillons bis zum realisierten Triumphtor zu Füßen des Winzerberges östlich der Bildergalerie führen. Das Ende der Bauarbeiten an den Terrassen, die wie die Fassade der Orangerie mit zahlreichen, vorwiegend zeitgenössischen Skulpturen geschmückt wurden, erlebte der König nicht mehr. Seine Gemahlin Elisabeth ließ ihm zu Ehren ein von Gustav Bläser geschaffenes Marmorstandbild in der Mitte der Portalöffnung aufstellen. Zu den für die Orangerie geschaffen Gartenanlagen zählen der südwestlich gelegene Paradiesgarten und der Nordische Garten im Osten, der mit dem Sizilianischen Garten ein kontrastierendes Gegenstück erhielt. Die südlich der Maulbeerallee gelegene Terrasse ließ Kaiser Wilhelm II. aus Anlass seines 25. Thronjubiläums im Jahr 1913 anlegen. Sie und das sich anschließende Parterre binden die Anlage des Orangerieschlosses in den Park Sanssouci ein.

Das um 1845 von Ludwig Persius nach Skizzen Friedrich Wilhelms IV. erbaute Atrium im Paradiesgarten.

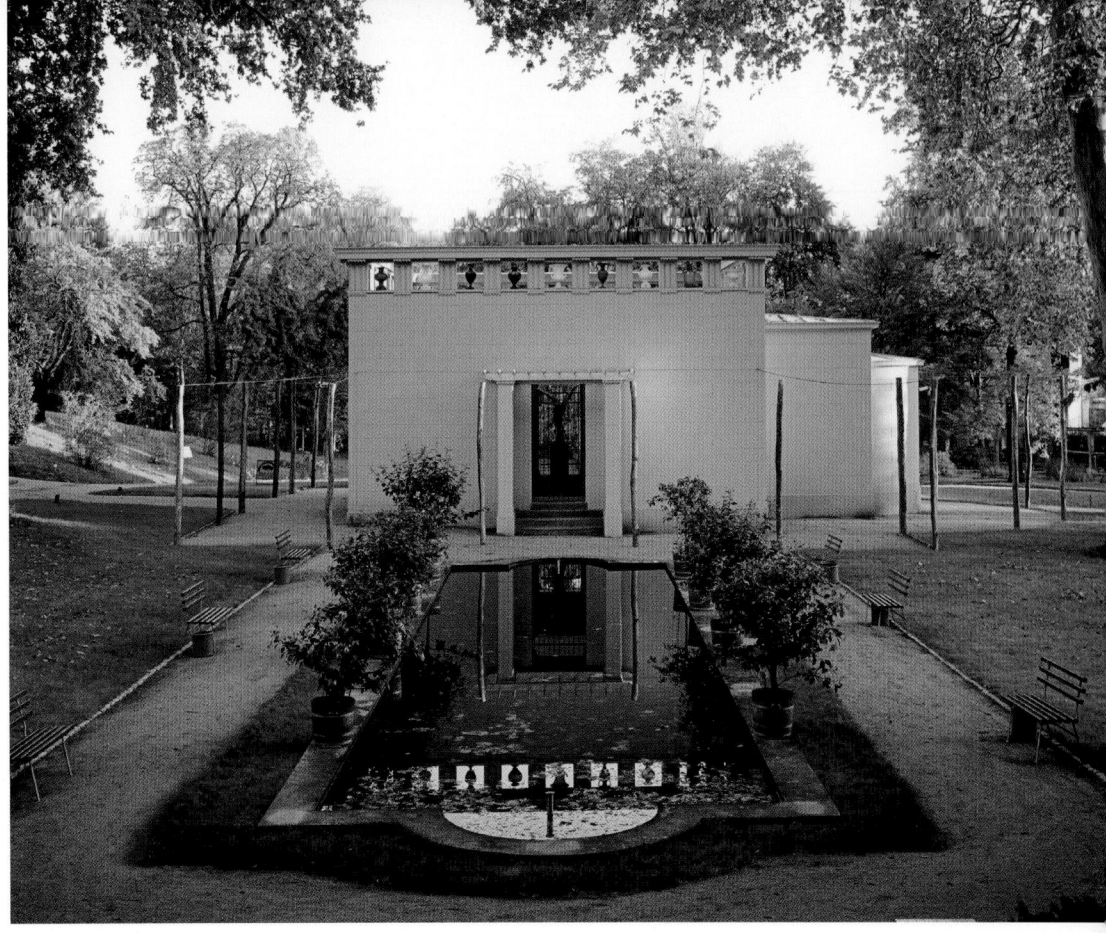

Die Futtermauer im Sizilianischen Garten, ehemals eine Obsttreibmauer, wurde 1862 für die Aufstellung von Bildwerken umgestaltet.

Linke Seite:
Der Sizilianische Garten entstand in den Jahren 1857 bis 1860 nach Plänen Peter Joseph Lennés.

Schloss Lindstedt

Im Jahr 1828 erwarb Kronprinz Friedrich Wilhelm (IV.) das nördlich des Neuen Palais gelegene Gut Lindstedt, das nach einem Vorbesitzer aus friderizianischer Zeit benannt war. Die Entwürfe für den Umbau des alten Gutshauses zu einem Schloss, das er zu seinem Alterssitz bestimmte, stammten aus der Feder Friedrich Wilhelms. Die Pläne, deren Ausarbeitung sich über Jahrzehnte erstreckte und an denen die Architekten Ludwig Persius, Ludwig Ferdinand Hesse, Friedrich August Stüler und Ferdinand von Arnim mitwirkten, wurden schließlich in den Jahren 1859 bis 1860 von Hesse ausgeführt. Der klassizistische Villenbau vereint zahlreiche vom König geschätzte architektonische Elemente. Ein dem kasinoähnlichen Hauptbau angeschlossener langer Kolonnadengang verleiht der asymmetrisch gegliederten Anlage einen horizontalen Akzent, während ein Rundturm mit einem Säulenbelvedere als Höhendominante wirkt. Auch ein Portikus und ein Pavillon in Gestalt eines Tempels, zu dem eine Freitreppe hinaufführt, tragen zum antikisierenden, südländischen Gepräge des kleinen Schlosses bei.

In den Händen Lennés lag die Gestaltung der Gartenanlage und des umgebenden Terrains. Das Gebäude konnte seiner Bestimmung nicht mehr dienen, da der König bereits Anfang 1861 verstarb. Das Schloss, dessen Inneneinrichtung nicht erhalten ist, erlebte seit seiner Erbauung eine Fülle unterschiedlichster Nutzungen und dient heute als Veranstaltungs- und Tagungsstätte.

Der Kolonnadengang verbindet das Gebäude harmonisch mit der Parklandschaft.

Das Schloss Lindstedt wurde auf der Grundlage eines Vorgängerbaues als Altersresidenz Friedrich Wilhelms IV. um- und ausgebaut. Der König starb jedoch vor der Vollendung des Gebäudes.

Schloss Sacrow und Heilandskirche

Kurz nach seinem Regierungsantritt im Jahr 1840 erwarb Friedrich Wilhelm IV. zur Bereicherung der Potsdamer Parklandschaft das nördlich der Stadt an der Havel gelegene Gut Sacrow mit dem dazugehörigen Park. Noch im selben Jahr beauftragte der König seinen Architekten Ludwig Persius mit den Planungen zum Bau einer Kirche »im italienischen Styl mit einem Campanile daneben« an der Südspitze der Landzunge. Friedrich Wilhelm selbst lieferte die Ideenskizzen für den Sakralbau. In den Jahren 1841 bis 1844 entstand die Heilandskirche mit einem freistehenden Glockenturm in architektonischer Anlehnung an frühchristliche Basiliken, wobei Persius die niedrigeren Seitenschiffe als umlaufenden offenen Säulengang gestaltete. Mit der Heilandskirche, die malerisch in die Havel ragt, erhielt die Seen- und Parklandschaft einen Blickpunkt von großer Ausstrahlung und Anziehung. An hervorgehobener Stelle am Ende der Hauptallee des Parks ließ Friedrich Wilhelm neben der Kirche eine Römische Bank nach antikem Vorbild als Aussichtspunkt am Havelufer erbauen.

Das zweigeschossige Gutshaus aus dem Jahr 1773 sollte nach Vorstellungen Friedrich Wilhelms als Alterswohnsitz für den von ihm hochverehrten Friedrich Baron de la Motte Fouqué eingerichtet werden. Der Dichter, der vom König 1840 nach Berlin berufen worden war, hatte seine glücklichsten Kinderjahre in Sacrow verlebt. Noch bevor er an den Ort seiner Kindheit zurückkehren konnte, verstarb Fouqué 1843 in Berlin. Friedrich Wilhelm trug sich nun mit dem Plan, das Gutshaus zu einer mittelalterlichen Burg mit Zinnen und massiven Türmen auszubauen, um dem Dichter und der in seinem Werk beschworenen romantisch verklärten Ritterwelt ein Denkmal zu setzen. Der Plan zum Umbau des Hauses, das formell zum Schloss avanciert war, blieb jedoch unausgeführt. Der umgebende, ehemals spätbarocke Garten war um 1800 bereits in Teilen zu einem frühen Landschaftsgarten mit

Das Sacrower Gutshaus, das nach Ankauf durch Friedrich Wilhelm IV. zum Schloss avancierte.

geschwungenen Wegen beiderseits der alten Kastanienallee geformt worden. Der Umgestaltungsplan Peter Joseph Lennés konnte aus Kostengründen nur an besonders markanten Punkten durch die Anpflanzung akzentuierender Gehölzgruppen verwirklicht werden.

Wie der Neue Garten und der Park Babelsberg erlitt auch der Sacrower Park durch den Bau der Berliner Mauer Zerstörungen im Uferbereich. Die Restaurierung der Heilandskirche, die inmitten der Grenzanlagen dem Verfall preisgegeben war, fand 1995 nach zehn Jahren ihren Abschluss. Seit 1994 wird der Park mit seinen Sichtachsen, historischen Wegen und Bodenmodellierungen in den ursprünglichen Zustand zurückversetzt.

Die sich malerisch in der Havel spiegelnde Heilandskirche wurde 1840 bis 1844 von Ludwig Persius in den Formen einer frühchristlichen Basilika erbaut.

Ein Jahr nach seinem Regierungsantritt gab Friedrich Wilhelm II., Neffe und Nachfolger Friedrichs des Großen, den Bau eines Sommerschlosses im Neuen Garten am Ufer des Heiligen Sees in Auftrag. Nach Plänen des Baumeisters Carl von Gontard und unter dessen Leitung entstand in den Jahren 1787 bis 1791 ein nahezu kubischer, zweigeschossiger und mit einem Belvedere auf dem flachen Dach versehener Bau, der wegen der Verwendung von Marmor für die Fassadengestaltung den Namen Marmorpalais erhielt. Carl Gotthard Langhans, mit der Gestaltung der Innenräume beauftragt, schuf für den antikenbegeisterten Bauherrn eine Fülle frühklassizistischer Raumkunstwerke. Mit der Ausführung der Entwürfe waren Künstler und Kunsthandwerker wie Heinrich Friedrich Kambly, Constantin Satori, Christian Bernhard Rode und Johann Gottfried Schadow betraut.

Die Räume des Marmorpalais erhielten eine Ausstattung mit Möbeln in höchster handwerklicher Perfektion, Skulpturen und kunstgewerblichen Gegenständen, darunter zahlreiche Keramiken aus der englischen Wedgwood-Manufaktur. Der aus Anhalt-Dessau stammende Architekt Friedrich Wilhelm Freiherr von Erdmannsdorff stand dem Bauherrn beratend zur Seite und erwarb in Italien kostbare Kamine aus Carraramarmor und Büsten für die Ausschmückung des Schlosses. Die Säle, Kabinette und Kammern gruppieren sich symmetrisch um den zentral gelegenen Treppensaal. Zu den Gesellschaftsräumen gehörten der ebenerdig und seeseitig gelegene Grottensaal, der als Speisezimmer genutzte wurde, und der Konzertsaal sowie das Orientalische Kabinett im Obergeschoss. Die privaten Wohnräume des Königs befanden sich mit dem Musikzimmer, dem Boisierten Schreibkabinett, dem Ankleidezimmer und dem Schlafkabinett im Erdgeschoss. In einiger Entfernung entstand am Südufer des Heiligen Sees nach Plänen von Langhans in historisierenden

Friedrich Wilhelm II. von Anton Graff (1789).

Formen die Gotische Bibliothek, die über 1.000 Bücher beherbergte und im nicht mehr erhaltenen Maurischen Tempel am Nordufer ein architektonisches Gegenüber besaß. Auch die Küche befand sich außerhalb des Schlosses. Sie verbarg sich hinter der Fassade einer römischen, scheinbar im See versinkenden Tempelruine neben dem Marmorpalais, mit dem sie durch einen unterirdischen Gang verbunden war. Da sich die Räumlichkeiten des Palais, das zur bevorzugten Residenz des Königs avanciert war, bald für die Hofhaltung als nicht mehr ausreichend erwiesen, wurden dem Schloss zwei eingeschossige Flügelbauten angefügt, die mit dem Hauptbau durch Viertelkreisgalerien verbunden sind und sich noch im Rohbau befanden, als der Monarch im Jahr 1797 verstarb.

Das frühklassizistische Marmorpalais, dessen Hauptbau 1787 bis 1791 von Carl von Gontard und Carl Gotthard Langhans am Ufer des Heiligen Sees errichtet wurde, war die Sommerresidenz und der bevorzugte Aufenthaltsort Friedrich Wilhelms II.

Das Marmorpalais von der Gartenseite. Die eingeschossigen Erweiterungsbauten wurden erst nach dem Tod des Königs vollendet.

Sein Sohn und Nachfolger, Friedrich Wilhelm III., ließ lediglich den Außenbau zu Ende führen, zeigte aber darüber hinaus kein Interesse am Schloss seines Vaters, das nun über vierzig Jahre ungenutzt und unvollendet blieb. Erst Friedrich Wilhelm IV. ließ den Innenausbau nach den Plänen seines Großvaters ausführen. Das Marmorpalais diente fortan fürstlichen Familienmitgliedern als zeitweilige Residenz. Kronprinz Wilhelm und seine Gemahlin Cecilie waren bis zur Fertigstellung des unweit gelegenen Cecilienhofes im Jahr 1917 die letzten Bewohner des Palais.

Das seit 1932 als Museumsschloss der Öffentlichkeit zugängliche Marmorpalais erlitt im Zweiten Weltkrieg große Schäden. Zweckentfremdend nutzten es danach die Rote Armee als Offizierskasino und anschließend das Armeemuseum der DDR. Die umfangreichen Restaurierungs- und Rekonstruktionsarbeiten im Innen- und Außenbereich sind heute abgeschlossen. Wiederhergestellt sind auch die Uferbereiche des Gartens, die durch die Errichtung der innerdeutschen Grenzanlage zerstört worden waren.

Der Name des Neuen Gartens signalisierte die Abkehr von der barocken Gartenkunst unter Friedrich dem Großen im »alten« Park Sanssouci, die dem Zeitgeschmack längst nicht mehr entsprach. Unter der Leitung des Wörlitzer Gärtners Johann August Eyserbeck ließ Friedrich Wilhelm II., beeinflusst von den Ideen der Rosenkreuzer, einen sentimenta-

len Landschaftsgarten mit einer Vielzahl von Gebäuden und Parkarchitekturen anlegen. Geschwungene Wege erschlossen die asymmetrische Parkanlage, die durch unregelmäßige, ihrem Wuchs überlassene Anpflanzungen naturbelassen und ursprünglich wirkte. In kleinen, voneinander abgegrenzten Bereichen des Gartens sprachen stimmungsvolle Staffagebauten, Skulpturen und Gedenksteine als variantenreiche Bildfolgen das Sentiment, das Gefühl des Betrachters an. Zu den entstandenen Bauten gehörten neben einer Pyramide, die den Zugang zu einem Eiskeller bildete, die mit ägyptischen Motiven geschmückte Orangerie mit einem kostbar ausgestatteten Palmensaal, im Sommer für Konzerte genutzt, eine Meierei für die im Garten betriebene Milchwirtschaft und eine am See gelegene Muschelgrotte. Im Holländischen Etablissement am Eingang des Gartens waren Dienerschaft und Kavaliere untergebracht. Bereits vorhandene Wohngebäude wie das Grüne und das Rote Haus wurden in die Gestaltung des Parks integriert, der durch Geländekäufe eine stetige Erweiterung erfuhr. Peter Joseph Lenné löste ab 1816 die Kleinteiligkeit des Gartens in weiten Bereichen zugunsten der Weiträumigkeit des englischen Landschaftsgartens auf und ließ ihn durch die Schaffung von Sichtbeziehungen in die umgebenden Landschaftsräume und Gärten, wie die Pfaueninsel, Sacrow, Glienicke und Babelsberg, zu einem zentralen Bestandteil der Potsdamer Parklandschaft werden.

Das in klassizistischer Strenge gestaltete und durch ein Oberlicht beleuchtete Vestibül. Eine elegant geschwungene Treppe führt zu den Räumen des Obergeschosses.

Das Boisierte Schreibkabinett, in dem Friedrich Wilhelm II. 1797 verstarb.

Der Konzertsaal im Obergeschoss nimmt die gesamte Seeseite des Schlosses ein.

Der Wasserkrug aus Steingut wurde in der englischen Wedgwood-Manufaktur gefertigt.

Oben links:
Das von Carl Gotthard Langhans als türkisches Zelt gestaltete
Orientalische Kabinett gehörte zu den Gesellschaftsräumen des
Marmorpalais.

Oben rechts:
Die viertelkreisförmige Galerie verbindet den Hauptbau mit dem
Südflügel und ist mit pompejanischen Wandmalereien dekoriert.

Rechts:
Der zum Heiligen See sich öffnende, mit Stuckmuscheln
und künstlichem Schilf verzierte Grottensaal diente als
Sommerspeisesaal.

Wie alle Räume der Seitenflügel erhielt auch der Ovale Saal im Südflügel seine Ausstattung erst unter Friedrich Wilhelm IV. Er diente als Speise- und Festsaal.

Der Kloebersaal im Nordflügel ist nach dem Maler August von Kloeber benannt, der zwischen 1845 und 1847 die mythologischen Wandgemälde schuf.

Künstliche Palmen verzieren die mit einheimischen Hölzern getäfelten Wände des Palmensaals, der in den Sommermonaten als Konzertsaal genutzt wurde.

Eine Sphinx schmückt das klassizistische Ägyptische Portal der Orangerie.

Rechte Seite unten:
Die unweit des Marmorpalais gelegene Pyramide bildete den Zugang zu einem Eiskeller.

Die von Carl Gotthard Langhans an der Südspitze des Neuen Gartens erbaute Gotische Bibliothek diente als Aussichtsturm und beherbergte auf zwei Etagen die Büchersammlung des Königs.

Hinter der Fassade einer künstlichen römischen Ruine befanden sich die Räume der Schlossküche, die durch einen unterirdischen Gang mit dem Marmorpalais verbunden waren.

Belvedere auf dem Pfingstberg und Pomonatempel

Die weithin sichtbaren Türme des Belvederes, westlich des Neuen Gartens auf der Höhe des Pfingstbergs gelegen, prägen als Aussichtspunkt die höchste Erhebung Potsdams und bilden selbst einen beeindruckenden Point de Vue. Wie bei vielen seiner Bauten gehen die Entwürfe, die in einem jahrzehntelangen Prozess reiften, auf den Bauherrn Friedrich Wilhelm IV. selbst zurück. Vorlagen fand der König auch hier in den Bauten der italienischen Hochrenaissance, wie in dem nördlich von Rom gelegenen Casino Caprarola.

Das Belvedere, das einst als großzügiges Aussichtsschloss geplant war, ist ein Fragment geblieben, da die Pläne nur zum Teil ausgeführt werden konnten. Die Architekten Ludwig Persius, Ludwig Ferdinand Hesse und Friedrich August Stüler realisierten 1847 bis 1852 die monumentale Doppelturmfront und die seitlichen Umfassungsmauern mit Arkaden und Säulengängen. Die Gebäudeteile verbergen ein im Innenhof gelegenes Wasserreservoir für die geplanten Kaskaden und Fontänen der Pfingstberganlage. Die Schauarchitektur beherbergt mit dem Römischen und dem Maurischen Kabinett lediglich zwei als Teezimmer genutzte, kunstvoll gestaltete Räume in den Zwischengeschossen der Türme. Während die Arbeiten am Belvedere für zehn Jahre ruhten, entstand das Orangerieschloss im Park von Sanssouci. Die Krankheit Friedrich Wilhelms IV. und sein Tod im Jahr 1861 verhinderten die Vollendung des Belvederes. Das geplante, einen zweiten Innenhof abschließende Casino wurde nicht mehr verwirklicht, ebenso die großartigen Terrassen-, Treppen- und Gartenanlagen, die das Belvedere mit dem Neuen Garten verbinden sollten. Mit dem Bau einer Eingangshalle brachte Stüler im Jahr 1863 die Arbeiten am Belvedere auf dem Pfingstberg zum Abschluss.

Für die Gestaltung des umgebenden Areals war Peter Joseph Lenné verantwortlich, der ab 1862 einen klassischen Landschaftsgarten schuf, der die bereits vorhandenen Ge-

Mit dem Pomonatempel schuf der neunzehnjährige Karl Friedrich Schinkel um 1800 sein Erstlingswerk.

bäude integrierte, wie den 1800/01 erbauten Pomonatempel, der als Erstlingswerk Karl Friedrich Schinkels gilt. Der kleine Pavillon zu Füßen des Belvederes wurde vom damaligen Besitzer des als Weingarten genutzten Geländes in Auftrag gegeben. Schinkel schuf einen kubischen, tempelartigen Bau mit einem Säulenportikus und einer Aussichtsplattform, zu der eine Wendeltreppe an der Rückseite des Gebäudes führt. Belvedere und Pomonatempel waren nach 1945 wegen ihrer Nähe zu sowjetischen Militäranlagen gesperrt und dem Verfall preisgegeben. Die Wiederherstellung des Tempels konnte im Jahr 1993 abgeschlossen werden, die des Belvederes zwölf Jahre später.

Die 1847 bis 1863 unter Friedrich Wilhelm IV. entstandene majestätische Doppelturmanlage des Belvederes auf dem Pfingstberg krönt die höchste Erhebung Potsdams.

Schloss Cecilienhof

Das Schloss Cecilienhof, im nördlichen Teil des Neuen Gartens in Sichtweite des Marmorpalais gelegen, ist der letzte Schlossbau der Hohenzollern. In den Jahren 1914 bis 1917 nach Plänen des Architekten Paul Schultze-Naumburg von den Saalecker Werkstätten erbaut, sollte es die ständige Residenz des Kronprinzen Wilhelm, des ältesten Sohnes Kaiser Wilhelms II., und seiner Gemahlin Cecilie von Mecklenburg-Schwerin bilden, deren Namen das Schloss erhielt.

Der weitläufige, zweigeschossige Backstein- und Fachwerkbau, dessen Gebäudeteile sich um mehrere Höfe gruppieren, folgt architektonisch dem Stil des englischen Landhauses und fügt sich harmonisch in die Parklandschaft ein. Das Erdgeschoss des Mittelbaus, dem ein Ehrenhof vorgelagert ist, nahm die repräsentativen Wohnräume auf, deren dezent historisierende Innenarchitektur Eleganz mit modernem Komfort verband und den englischen Landhausstil im Inneren auf hohem kunsthandwerklichem Niveau fortsetzte. Den Mittelpunkt der Räumlichkeiten bildet die große holzgetäfelte Wohnhalle, die sich über beide Geschosse erstreckt. Von hier aus führt eine Treppe zum Obergeschoss und zu den Privatgemächern des Kronprinzenpaares.

Nach der Abdankung Kaiser Wilhelms II. wurde das Schloss verstaatlicht. Die kronprinzliche Familie erhielt jedoch ein lebenslanges Wohnrecht, das sie bis zum Ende des Zweiten Weltkriegs in Anspruch nahm.

Zu welthistorischer Bedeutung gelangte der Cecilienhof als Stätte der Potsdamer Konferenz. Vom 17. Juli bis zum 2. August 1945 verhandelten die Siegermächte des Zweiten Weltkrieges hier über das weitere Schicksal Deutschlands und Europas, da im kriegszerstörten Berlin kein geeigneter Ort zur Verfügung stand. Die Teilnehmer der Konferenz waren als Gründungsmitglieder der Anti-Hitler-Koalition der sowjetische Staats- und Parteichef Josef W. Stalin, der britische Premierminister Winston S. Churchill und der amerikanische Prä-

Der Rote Stern im Innenhof wurde anlässlich der von sowjetischer Seite ausgerichteten Potsdamer Konferenz aus Geranien gepflanzt.

sident Harry S. Truman als Nachfolger Franklin D. Roosevelts. Clement Richard Attlee löste Churchill nach dessen Wahlniederlage während der Verhandlungen ab. Die Konferenz, die von sowjetischer Seite ausgerichtet und deren Ergebnis im sogenannten Potsdamer Abkommen niedergelegt wurde, fand in der Großen Halle statt, an einem eigens für diesen Zweck gefertigten Konferenztisch. Die Wohnräume der Kronprinzenfamilie wurden als Arbeitszimmer für die Delegationen mit Möbeln aus verschiedenen Potsdamer Schlössern eingerichtet. Der Unterbringung der Delegationen dienten zahlreiche beschlagnahmte Neu-Babelsberger Villen. Die Konferenzräume des Erdgeschosses sind seit 1952 als historische Stätte dem Gedenken an die Potsdamer Konferenz gewidmet.

Das Schloss Cecilienhof wurde in den Weltkriegsjahren 1914 bis 1917 vom Architekten Paul Schultze-Naumburg im englischen Landhausstil als ständige Residenz von Kronprinz Wilhelm erbaut.

Zu den Räumlichkeiten der Kronprinzessin Cecilie gehörte ein kleines, als Schiffskabine gestaltetes Kabinett.

Josef W. Stalin, Harry S. Truman und Winston S. Churchill während der Verhandlungen im Schloss Cecilienhof.

Rechte Seite: Die Große Halle war vom 17. Juli bis zum 2. August 1945 Austragungsort der Potsdamer Konferenz.

Schloss und Park Babelsberg

Das malerisch am Abhang oberhalb der Havel gelegene Schloss Babelsberg war über fünfzig Jahre lang die Sommerresidenz des Prinzen und späteren preußischen Königs und deutschen Kaisers Wilhelm I.

Das Schloss wurde in den Jahren 1834 bis 1849 in zwei Abschnitten errichtet. Die Pläne, die vom Geschmack des Bauherrn und seiner Gemahlin Augusta von Sachsen-Weimar geprägt waren, stammten aus der Feder Karl Friedrich Schinkels. Zunächst konnte aus Kostengründen mit dem östlichen Trakt nur ein Teil des Gesamtplans verwirklicht werden, und so entstand unter der Leitung von Ludwig Persius in den Jahren 1834 bis 1835 ein Cottage im Stil der englischen Neogotik von bescheidener Größe und ausgewogenen Proportionen. Eine dem zweigeschossigen Bau östlich angefügte Pergola vermittelte zwischen Park und Gebäude, das mit dem achteckigen Speisesaal und späteren Teesalon seinen Mittelpunkt besaß. Die Kinderlosigkeit König Friedrich Wilhelms IV. führte 1840 zum Aufstieg seines Bruders Wilhelm in den Rang des Thronfolgers. Eine verbesserte finanzielle Ausstattung und ein gewachsenes Repräsentationsbedürfnis brachten Planungen für die Erweiterung des Schlosses Babelsberg mit sich, die über den ursprünglichen Plan weit hinausgingen. Ludwig Persius kam die Aufgabe zu, zwischen den Entwürfen des verstorbenen Architekten Schinkel und den gewachsenen Bedürfnissen des Bauherrn zu vermitteln. Der nach Persius' Tod 1845 hinzugezogene Architekt Johann Heinrich Strack vollendete den Bau des Westflügels, der den älteren Schinkelbau deutlich dominiert und überragt. Das so entstandene zinnenbekrönte Prachtschloss im romantischen Burgenstil mit Turmgruppe und einer unregelmäßigen und bewegten Fassade, gegliedert durch Strebepfeiler, Altane, Erker und gotische Ornamentik, steht in einem wirkungsvollen Kontrast zu der vis-à-vis auf Glienicker Seite gelegenen südländisch geprägten Schlossanlage des Prinzen Carl. Auch die Schlossräume wurden unter der künstlerischen Leitung von Strack

Kaiser Wilhelm I. von Paul Bülow (1883).

Blick über den von Fürst Hermann von Pückler-Muskau gestalteten Pleasureground auf den Westflügel des Schlosses.

architektonisch im Stil der Neogotik ausgestaltet und mit historisierendem Mobiliar eingerichtet. Das Zentrum der Schlossanlage bildet das mächtige Oktogon des neugotischen Tanzsaals mit umlaufender Empore, sternförmigem Rippengewölbe und mittelalterlich inspirierter Ausmalung. Zu den Repräsentationsräumen des neuen Flügels gehörte neben dem Tanzsaal der Speisesaal im Tudorstil, der sich über beide Geschosse erstreckt.

Mit der Anlage des Parks im Stil des englischen Landschaftsgartens war ab 1833 Peter Joseph Lenné betraut. Er legte ein Wegenetz an, das die landschaftlichen Reize des

Der zweigeschossige, sakral anmutende gotische Tanzsaal bildet den Mittelpunkt des Schlosses. Strack gestaltete ihn nach Entwürfen von Persius in neogotischem Stil.

hügeligen Geländes erschloss und die Anhöhen des Parks miteinander verband. Den Anpflanzungen war wegen der Trockenheit des damals weitgehend baumlosen Terrains nur ein geringer Erfolg beschieden. Lenné wurde 1842 auf Betreiben Augustas von Fürst Hermann von Pückler-Muskau abgelöst. Der Schöpfer der Gartenanlagen von Bad Muskau und Branitz hatte größere gestalterische Freiheiten und stellte zunächst die Wasserversorgung des Parks sicher. Das Dampfmaschinenhaus an der Glienicker Lake, 1843 bis 1845 nach Plänen von Persius im normannischen Burgenstil erbaut, ermöglichte die Bewässerung des Parks und speiste Bassins, künstliche Seen, Wasserfälle und Fontänen. Pückler überformte und erweiterte das Wegesystem Lennés um schmale, raffiniert geführte Spazierwege, die durch abwechslungsreich gestaltete Landschaftsräume geleiteten und eine Fülle von Aussichten gewährten, die sich durch Sichtachsen und höher gelegene Aussichtspunkte auf die Havellandschaft und die Potsdamer Stadtsilhouette boten. Der Gartenkünstler ließ auf den Schlossterrassen üppige Blumenarrangements entstehen und überarbeitete den von seinem Vorgänger angelegten Pleasureground, den Gartenbereich in unmittelbarer Schlossnähe, durch Bodenmodellierungen und eine scheinbar zufällige Anordnung kostbar gefasster Blumenbeete.

Die Parklandschaft erfuhr an markanten Punkten eine Bereicherung durch eine Reihe mittelalterlich wirkender Gebäude. Das Kleine Schloss am Havelufer, ein 1841 bis 1842 im Stil der Tudorgotik umgebautes Gartenhaus, diente als Wohnung des Kronprinzen Friedrich Wilhelm, des späteren Kaisers Friedrich III., und danach als Unterkunft für Hofdamen und Gäste. Der nach dem Vorbild des Eschenheimer Torturmes in Frankfurt am Main 1853 bis 1856 von Strack erbaute Flatowturm war als Wohnturm und Belvedere privates Refugium Wilhelms. Das Matrosenhaus, dem derselbe Architekt 1868 einen dem Stendaler Rathaus nachgebildeten Staffelgiebel vorblendete, beherbergte den für die königlichen Boote zuständigen Matrosen. Aus Teilen eines kurz zuvor in Berlin abgebrochenen Gebäudes aus dem 13. Jahrhundert gestaltete Strack 1871 bis 1872 die Gerichtslaube auf der Lennéhöhe.

Nach dem Tod Kaiser Wilhelms I. im Jahr 1888 verwaiste das Schloss. Ab 1927 unter staatlicher Verwaltung, nutzten es nach dem Zweiten Weltkrieg verschiedene Institutionen, die die Räume nach ihren Zwecken veränderten. Seit 1990 werden die Schlossräume für eine museale Nutzung restauriert. Der im Verlauf vieler Jahrzehnte verwilderte Park wird seit 1960 gartendenkmalpflegerisch betreut und heute in den durch die Berliner Mauer zerstörten Uferbereichen in seinen ursprünglichen Zustand zurückversetzt.

Für die Gewölbeausmalung des Tanzsaales mit Blattwerk und musizierenden Putten ließ sich Strack von mittelalterlichen Handschriften inspirieren.

Der von Schinkel entworfene achteckige Teesalon liegt im Schnittpunkt zahlreicher auf den Park bezogener und über ihn hinausweisender Sicht-achsen. Er war vor der Erweiterung des Schlosses der Speisesaal und gab das Vorbild für den Grundriss des Tanzsaales.

Das Matrosenhaus beherbergte den für die königlichen Boote zuständigen Matrosen. Die 1868 vorgeblendeten Giebel sind stilistisch dem mittelalterlichen Stendaler Rathaus entlehnt.

Der Flatowturm, der als Aussichtsturm mit dem vis-à-vis gelegenen Belvedere auf dem Pfingstberg korrespondiert, folgt dem Vorbild des Eschenheimer Torturmes in Frankfurt am Main.

Blick über das Rundbeet im Pleasureground und den Geysir auf die Glienicker Brücke.

Die Gerichtslaube auf der Lennéhöhe entstand aus Teilen des um 1860 abgerissenen alten Berliner Rathauses.

Linke Seite unten:
Aus einem Gartenhaus am Ufer der Havel entstand nach Vorgaben Augustas das Kleine Schloss im Stil der Tudorgotik. Es diente als Wohnhaus des Kronprinzen Friedrich Wilhelm und danach als Hofdamen- und Gästequartier.

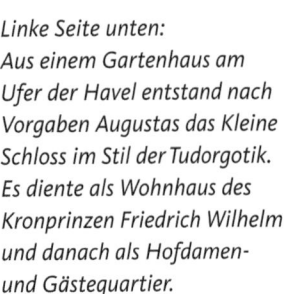

Schloss und Park Babelsberg   131

KÖNIGLICHE SCHLÖSSER UND GÄRTEN IN DER MARK BRANDENBURG

Friedrich I. beauftragte um 1700 den französischen Architekten Jean Baptiste Broebes, einen nach Berlin geflohenen Hugenotten, alle Schlösser in und außerhalb der Stadt zu zeichnen und in Kupfer zu stechen. Mit einem prächtigen Album dieser Architekturansichten wollte sich der neue und erste preußische König am Wettbewerb der europäischen Höfe um Glanz und Prestige beteiligen. Das Tafelwerk erschien erst 1733 und enthielt neben den großen Schlössern in Berlin, Potsdam und Königsberg auch die zahlreichen kleineren Lusthäuser, die in der näheren Umgebung Berlins entstanden waren. Die Könige oder Mitgliedern ihrer Familien nutzten sie für verschiedene Zwecke, zum Beispiel als Sommerresidenz oder für die Jagd. Im Laufe der Jahrhunderte wechselten Anzahl und Zustand der Hohenzollernschlösser in den verschiedenen preußischen Regionen: Sie wurden gekauft oder verkauft, man baute um oder neu, während andere leer standen oder z. B. als Manufaktur dienten. Charakteristisch ist ihre räumliche Konzentration auf die Mark Brandenburg, die nähere Umgebung der beiden wichtigsten Residenzen Berlin und Potsdam, sowie ihr besonderer künstlerischer und architektonischer Rang.

In Preußen war der zahlreiche Adel im Unterschied zu anderen Staaten und Höfen, z. B. in Frankreich oder England, mit dem König vor allem über die Armee oder die Verwaltung verbunden und verpflichtet. Die adligen Familien, die teilweise viel länger als die Hohenzollern in Brandenburg lebten, besaßen Hunderte von Schlössern und Herrenhäusern auf dem Lande. Nur wenige konnten aber an Größe und Bedeutung mit denen der Könige mithalten. Das Ende der Monarchie in Deutschland und die Enteignung der adligen Familien in der sowjetischen Besatzungszone nach 1945 haben diese ehemals reiche Adelskultur östlich der Elbe ausgelöscht. Trotz Kriegs- und Nachkriegsverlusten blieben an vielen Orten wenigstens die Schlossgebäude erhalten, die für die verschiedensten Zwecke umgenutzt und dabei häufig entstellt wurden. Von der Ausstattung aber blieb nichts oder nur sehr wenig erhalten. Die deutsche Wiedervereinigung eröffnete für viele dieser Schlösser und Herrenhäuser neue Perspektiven.

In diesem Zusammenhang übernahm die heutige Stiftung Preußische Schlösser und Gärten Berlin-Brandenburg seit 1990 in der Mark Brandenburg sechs Schlösser und deren Gärten, die sich aus der Residenzlandschaft der preußischen Könige um Berlin erhalten hatten: Rheinsberg, Oranienburg, Caputh, Königs Wusterhausen, Sacrow und Paretz. Trotz der zahlreichen Veränderungen durch andere Nutzungen waren entscheidende Bestandteile der Häuser und Gärten noch vorhanden. Teile des Inventars, seien es Möbel, Gemälde oder Tapeten, befanden sich in anderen Schlössern oder Depots. Manches konnte auch wiedergefunden oder zurückgekauft werden.

Nach intensiven Forschungen und begleitet von manch glücklichem Umstand sind in relativ kurzer Zeit diese Schlösser – bis auf Sacrow – inzwischen saniert und restauriert. Sie bekamen, soweit es möglich war, die historische Ausstattung zurück und sind als Museumsschlösser für die Öffentlichkeit zugänglich. Auch wenn die Arbeiten noch nicht vollständig abgeschlossen sind, dokumentieren heute gerade diese märkischen Schlösser die wechselnden künstlerischen Epochen, die vielfältigen internationalen Verflechtungen der preußischen Könige und den Wandel der politischen Verhältnisse vom 17. bis zum späten 20. Jahrhundert.

*Figur der römischen Göttin Pomona am Eingangsportal
von Schloss Rheinsberg.*

Schloss Oranienburg

Das Schloss Oranienburg ist das älteste erhaltene Barock-schloss in Brandenburg. Nachdem der Große Kurfürst Friedrich Wilhelm 1650 seiner ersten Gemahlin Louise Henriette von Nassau-Oranien das damalige Amt Bötzow übereignet hatte, ließ sie sich unter Verwendung von Mauern eines alten Landhauses hier in den Jahren 1651 bis 1655 ein Schloss nach dem Vorbild des niederländischen Klassizismus erbauen. Noch vor Vollendung des Hauses, dessen Bau in den Händen des in Holland ausgebildeten Baumeisters Johann Gregor Memhardt lag, gab der Kurfürst dem Schloss zu Ehren seiner Gemahlin den Namen Oranienburg. Wenig später nahm auch die Stadt diesen Namen an.

Louise Henriettes Sohn, der Kurfürst Friedrich III. und spätere König Friedrich I., ließ das Schloss durch seine Baumeister Johann Arnold Nering und Johann Friedrich Eosander von 1689 bis 1711 umgestalten und durch den Bau zusätzlicher Flügel und Pavillons beträchtlich vergrößern. Er überformte den holländisch geprägten Landsitz seiner Mutter und schuf eine majestätische, von italienischer und französischer Barockarchitektur beeinflusste Schlossanlage. Doch schon mit dem Tod Friedrichs I. im Jahr 1713 begann der allmähliche Verfall von Schloss Oranienburg.

Eine kurze und letzte Blütezeit erlebte das Schloss als Landsitz des Prinzen August Wilhelm, Bruder Friedrichs des Großen, der es ihm 1743 auf Lebenszeit zur Verfügung gestellt hatte. Der Prinz nutzte es von 1744 bis zu seinem frühen Tod im Jahr 1758 als Residenz und ließ die barocken Schlossräume im zeitgemäßen Rokoko-Stil umgestalten.

Kronprinzessin Luise erhielt das Schloss 1794 von ihrem Schwiegervater Friedrich Wilhelm II. als Geschenk, nutzte es aber nur selten für kurze Aufenthalte. 1802 veräußerte das königliche Hofmarschallamt das verwaiste Schloss Oranienburg, das im 19. und 20. Jahrhundert die unterschiedlichsten Nutzungen erfuhr. Es beherbergte nacheinander eine Baum-

Kurfürst Friedrich Wilhelm von Brandenburg mit seiner ersten Gemahlin Louise Henriette von Nassau-Oranien von Pieter Nason (1666).

wollmanufaktur und eine chemische Fabrik, die zwei verheerende Brände verursachte, diente als Lehrerseminar, Polizeischule und wiederholt als Kaserne. Im Zweiten Weltkrieg stark beschädigt, beschränkten sich die 1948 begonnenen Aufbauarbeiten auf die Wiederherstellung des Außenbaues des Schlosses.

In den Jahren 1997 bis 1999 wurde das Gebäude grundlegend saniert und restauriert. Den größten Teil des Schlosses nutzen heute die Stadtverwaltung von Oranienburg und das Kreismuseum. In Räumen des Nordwestflügels und des Mittelbaues mit wiederhergestellten Grundrissen ist seit dem Jahr 2001 ein Schlossmuseum eingerichtet.

Das Schloss Oranienburg, die älteste barocke Schlossanlage Brandenburgs, wurde von der Kurfürstin Louise Henriette von Brandenburg in den Jahren 1651 bis 1655 erbaut.

Die Etagere mit chinesischem Porzellan vermittelt einen Eindruck von der einstigen Pracht der 1695 bis 1697 ausgestalteten Porzellankammer.

Die Stuckdecke der Porzellankammer. Das Gemälde von Augustin Terwesten aus dem Jahr 1697 ist eine Allegorie auf die Einführung des Porzellans in Europa.

Schloss Caputh

Die kleine barocke Schlossanlage Caputh ist der einzige erhaltene Schlossbau aus der Zeit des Großen Kurfürsten in der Potsdamer Kulturlandschaft. Bereits die Kurfürstin Katharina hatte sich nach dem Erwerb des Dorfes Caputh 1594 einen Landsitz erbauen lassen, der im Dreißigjährigen Krieg zerstört wurde. Der Große Kurfürst Friedrich Wilhelm schenkte das Gut 1662 seinem Bau- und Generalgartenmeister Philipp de Chieze, der auf den Fundamenten des Vorgängerbaues ein einfaches Landhaus errichtete.

1671 erhielt der Kurfürst das Gut Caputh zurück und übereignete es seiner zweiten Gemahlin Dorothea, die das Anwesen zu einer fürstlichen Sommerresidenz umbauen und erweitern ließ. Der Südseite des Gebäudes wurden zwei quadratische Pavillonbauten angefügt, die nördliche, zur Havel gelegene Seite erhielt eine doppelläufige geschwungene Freitreppe, die zu den herrschaftlichen Wohnräumen im Obergeschoss führte. Mit dem Festsaal und den Appartеments für das Kurfürstenpaar entstanden prachtvolle Innenräume mit vergoldeten Stuckaturen und allegorischen Deckengemälden, ausgestattet mit kostbaren Stoffen und Möbeln, Marmorskulpturen und Porzellanen. Eine Vielzahl von Gemälden schmückte in dichter Hängung die Wände. Bis zum Havelufer erstreckte sich der barocke Schlossgarten mit symmetrischen Partien.

Kurfürst Friedrich III., Sohn und Nachfolger des Großen Kurfürsten, machte Caputh seiner zweiten Gemahlin Sophie Charlotte zum Geschenk, die sich jedoch mit dem Schloss Lietzenburg, dem späteren Schloss Charlottenburg, eine neue, bevorzugte Residenz vor den Toren Berlins schuf. Caputh wurde nun zu einem favorisierten Aufenthaltsort des Kurfürsten, der die Anlage weiter ausgestalten ließ und sie 1709, mittlerweile zum König avanciert, zu einem Schauplatz des berühmten Dreikönigstreffens machte, an dem neben

Kurfürst Friedrich Wilhelm und Kurfürstin Dorothea von Brandenburg von Jacques Vaillant (um 1680).

ihm der polnische König und sächsische Kurfürst August der Starke sowie der dänische König Friedrich IV. teilnahmen.

Die glanzvollste Ära Capuths endete mit dem Tod Friedrichs I. im Jahr 1713. Sein Sohn, der »Soldatenkönig« Friedrich Wilhelm I., nutzte Caputh für gelegentliche Jagdaufenthalte und bereicherte das Schloss um 1720 durch den vollständig mit blau-weißen niederländischen Fayencefliesen verkleideten Fliesensaal. Die nachfolgenden preußischen Könige zeigten kein Interesse an Schloss Caputh, das verpachtet und 1820 an die Familie von Thümen verkauft wurde. In ihrem Auftrag verwandelte man wenig später den Garten nach Plänen von Peter Joseph Lenné in einen Landschaftsgarten, der nach einer Idee des Gartenkünstlers durch einen Uferweg mit der Potsdamer Parklandschaft verbunden ist.

Nach umfangreichen Restaurierungsarbeiten wurde das Schloss im Jahr 1998 als Zeugnis brandenburgisch-preußischer Baukunst und höfischer Wohnkultur der zweiten Hälfte des 17. Jahrhunderts erstmals der Öffentlichkeit als Museumsschloss zugänglich gemacht.

Aus einem Landhaus gestaltete Kurfürstin Dorothea die Sommerresidenz Caputh zu einem Schmuckstück herrschaftlicher Wohnkultur.

Das Schloss Caputh von der Südseite. Durch den Anbau zweier Eckpavillons auf quadratischem Grundriss entstand ein kleiner Ehrenhof.

Der prachtvoll mit vergoldeten Stuckaturen und einem Deckengemälde ausgestattete Festsaal bildet den Mittelpunkt des kleinen Schlosses.

Den Fliesensaal schuf Friedrich Wilhelm I. um 1720 durch die vollständige Verkleidung des Sommerspeisesaales mit holländischen Fayencefliesen.

Motive wie spielende Kinder und Landschaften zieren die holländischen Fliesen des Fliesensaales.

Schloss Königs Wusterhausen

Das Schloss Königs Wusterhausen ging aus einer 1320 erstmals erwähnten, an einem Übergang der Notte gelegenen mittelalterlichen Burg hervor, die sich im Laufe der Jahrhunderte im Besitz verschiedener märkischer Adelsfamilien befand. Um- und Neubauten Ende des 16. Jahrhunderts gaben der wehrhaften, einst mit einem Wassergraben umgebenen Anlage annähernd ihre heutige Gestalt. In den Besitz der Hohenzollern gelangte das Amt Wusterhausen durch Kurprinz Friedrich, den späteren König Friedrich I., der es 1683 erstand. Er ließ das Schloss renovieren, in Teilen umbauen und durch den französischen Gartenkünstler Siméon Godeau, Schöpfer der Gartenanlage von Schloss Charlottenburg, ab 1696 einen Garten in barocken Formen entstehen. Der Kurfürst übereignete das Schloss im Jahr 1698 seinem zehnjährigen Sohn Friedrich Wilhelm, dem späteren »Soldatenkönig« Friedrich Wilhelm I., mit dem es bis zum heutigen Tag eng verbunden ist.

Nach seiner Thronbesteigung im Jahr 1713 ließ der Herrscher die Anlage durch zwei Kavalierhäuser erweitern. Friedrich Wilhelm verbrachte alljährlich die Wochen von August bis November mit seiner Gemahlin Sophia Dorothea und seinen zehn Kindern in Schloss Königs Wusterhausen, das bald zu seiner bevorzugten Residenz wurde. Die Aufenthalte waren ebenso von der Jagd geprägt, die der König mit großer Leidenschaft betrieb, wie von der täglich abgehaltenen Abendgesellschaft, dem legendären Tabakskollegium. Der König, der jeglichem höfischem Prunk abgeneigt war, führte eine sparsame Hofhaltung und pflegte einen beinahe bürgerlichen Lebensstil. Entsprechend schlicht war die Ausstattung der Schlossräume, die nur mit einem einfachen hellen Kalkanstrich versehen und zweckmäßig möbliert waren. Jagdtrophäen und Gemälde mit Jagdszenen schmückten die Wände, zahlreiche Porträts von Offizieren zeugten von der Vorliebe des Königs für das Militär. Nach dem Tod Friedrich Wilhelms I. im Jahr 1740 verwaisten Haus und Garten.

Friedrich Wilhelm I. von Antoine Pesne (um 1733).

Das Schloss Königs Wusterhausen ist eng mit der Person des »Soldatenkönigs« Friedrich Wilhelm I. verbunden. Hier residierte er alljährlich für mehrere Monate.

Der rustikale Festsaal ist der repräsentativste und größte Raum des Schlosses.

Eine Wiederentdeckung erfuhr das Schloss 1855 durch Friedrich Wilhelm IV. Die von ihm begonnene Renovierung wurde von Wilhelm I., seinem Bruder und Nachfolger, abgeschlossen. Ab 1863 lebte die Jagdtradition im Andenken an Friedrich Wilhelm I. in Königs Wusterhausen noch einmal auf. Sie endete 1913 mit dem letzten Aufenthalt Kaiser Wilhelms II. Nach dem Ende der Monarchie machte die Preußische Schlösserverwaltung das Schloss 1927 als Museum zugänglich.

Im Zweiten Weltkrieg beschädigt, nutzten es nach dessen Ende über Jahrzehnte verschiedene militärische und zivile Einrichtungen. Mit dem Abschluss der Wiederherstellungsarbeiten im Jahr 2000 wurde das Gebäude der Öffentlichkeit zurückgegeben. Wie das Schloss erfuhr auch der Garten in seinen noch erhaltenen Teilen eine Annäherung an sein früheres Aussehen.

*Das Tabakskollegium.
Der Saal war der Schauplatz
der Abendgesellschaften des
»Soldatenkönigs«, an denen
vor allem Militärs und
Gesandte teilnahmen.
Bei ausgiebigem Bier- und
obligatorischem Tabakgenuss
wurden in zwangloser
Männerrunde Staatsfragen
und Themen wie Politik,
Moral und Religion diskutiert.*

*Das Tabakskollegium im
Schloss Königs Wusterhausen.
Georg Lisiewski zugeschrieben
(um 1737).*

Schloss und Park Rheinsberg

Das malerisch am Ufer des Grienericksees gelegene Schloss Rheinsberg war die Kronprinzenresidenz des späteren preußischen Königs Friedrich der Große. 1734 erwarb der »Soldatenkönig« Friedrich Wilhelm I. den alten märkischen Adelssitz für seinen Sohn und beauftragte den kurmärkischen Baudirektor Johann Gottfried Kemmeter mit der Umgestaltung und Erweiterung der kleinen einflügeligen Renaissanceanlage. Der Schlossflügel wurde zur Beherbergung der Kronprinzenwohnung aufgestockt und an der Stelle eines alten Torhauses das Corps de Logis erbaut. Nach der Vermählung Friedrichs mit Elisabeth Christine von Braunschweig-Bevern im Jahr 1736 siedelte das Kronprinzenpaar nach Rheinsberg über. Der Baumeister Georg Wenzeslaus von Knobelsdorff verwirklichte ab 1737 mit der Errichtung des Nordflügels und des Nordturmes sowie einer verbindenden Kolonnade den Gesamtplan einer Dreiflügelanlage. Der Baumeister lieferte auch die Entwürfe für die Gestaltung der Innenräume. Friedrich entwickelte im Zusammenspiel mit Künstlern wie Knobelsdorff, Friedrich Christian Glume und Antoine Pesne das Raumkonzept des friderizianischen Rokoko, das bei der Gestaltung des Spiegelsaales beispielhaft in seiner Frühform umgesetzt wurde und später mit den Raumkunstwerken von Schloss Sanssouci seine höchste Blüte erreichte.

In den Händen des vielseitig begabten Knobelsdorffs lag auch die Gestaltung des Gartens, der zugleich als Nutz- und Ziergarten in geometrischer Struktur auf der Schlossinsel und südlich davon als symmetrische, französischer Gartenkunst verpflichtete Anlage entstand.

In Rheinsberg ließ Friedrich für wenige Jahre einen Musenhof erstehen, an dem er sich neben vielfältigen Vergnügungen seinen philosophischen, literarischen und musischen Interessen widmete. Er befasste sich mit dem Studium der

Prinz Heinrich von Preußen von Anton Graff (um 1784–89).

In Rheinsberg verbrachte Friedrich II. nach eigenem Bekunden die glücklichsten Jahre seines Lebens. Nach seiner Thronbesteigung übereignete er die Residenz seiner Kronprinzenzeit seinem Bruder Prinz Heinrich von Preußen, der das Schloss fast fünfzig Jahre bewohnte und prägte.

Geschichte, der Politik und der Werke antiker und französischer Schriftsteller und schrieb seinen berühmten »Antimachiavell«, in dem er gegen Machiavellis Lehre vom skrupellosen Machterhalt die Position eines aufgeklärten Monarchen als Diener seines Staates bezog. Von Rheinsberg aus nahm Friedrich seinen folgenreichen Briefwechsel mit dem französischen Philosophen Voltaire auf. Eine wichtige Rolle im Hofleben spielte die Musik. Die Hofkapelle, für die der Kronprinz hervorragende Solisten nach Rheinsberg holte, war weithin berühmt.

Friedrich trat im Jahr 1740 die Nachfolge seines Vaters an. Er schuf sich mit dem Neuen Flügel des Charlottenburger

Der von Knobelsdorff geschaffene und mit einem großen Deckengemälde von Antoine Pesne ausgestattete Spiegelsaal hat sich in der friderizianischen Form erhalten.

Schlosses ein neues Domizil, bevor er sich einige Jahre später Schloss Sanssouci als Lieblingsresidenz erkor. Der König übereignete das Schloss Rheinsberg 1744 seinem Bruder Heinrich, der es 1753 nach seiner Vermählung mit Prinzessin Wilhelmine von Hessen-Kassel bezog und es fast fünfzig Jahre bis zu seinem Tod bewohnte. Prinz Heinrich ließ den Außenbau zunächst unangetastet, nahm aber weitreichende Umgestaltungen der Innenräume vor. Er bewahrte nur fünf Räume in ihrer ursprünglichen friderizianischen Ausstattung, darunter der als Konzertzimmer genutzte Spiegelsaal, den Pesne mit einem großen allegorischen Deckengemälde verziert hatte. Die ab 1766 nach Entwürfen des Architekten Carl Gotthard Langhans neugestalteten Räume wie die Wohnung der Prinzessin Wilhelmine oder der Muschelsaal stehen mit

ihren Dekorationen im sogenannten Zopfstil am Übergang vom Rokoko zum Frühklassizismus. Letzte Veränderungen erlebte das Schloss ab dem Jahr 1785. Es erfuhr mit der Errichtung der beiden stadtseitig gelegenen Eckbauten durch den Baumeister Georg Friedrich Boumann d. J. eine beträchtliche Erweiterung. Mit der Langen Kammer, der Paradeschlafkammer und der Bibliothek entstanden in Heinrichs Ära neue, bedeutende Innenräume.

Wie sein königlicher Bruder, mit dem er viele Fähigkeiten und Vorlieben teilte, war Heinrich der französischen Kunst und Kultur zugeneigt. Er führte die Tradition des Musenhofes fort und ließ 1774 ein neues Schlosstheater mit einem Interieur im Stil des Frühklassizismus als westlichen Seitenflügel des unter Knobelsdorff errichteten Domestikenhauses er-

Auf dem Grundriss von ehemals vier Räumen ließ der Prinz nach Entwürfen von Carl Gotthard Langhans den Muschelsaal gestalten. Er vereint Dekorationselemente des Rokoko und des Frühklassizismus.

bauen. Dem virtuosen Können seiner Musiker und Schauspieler meist französischer Herkunft verdankte das Theater, das mehrmals wöchentlich Aufführungen bot, einen glänzenden, bis nach Berlin und darüber hinaus reichenden Ruf.

So wie die Schlossräume die Entwicklung vom frühen friderizianischen Rokoko zum Frühklassizismus dokumentieren, zeugt auch der Garten von einem sich wandelnden Zeitgeschmack. Die Umgestaltung des symmetrischen Rokokogartens durch Heinrich gipfelte am Ende des Jahrhunderts in der Schaffung eines frühen Landschaftsgartens. Der Prinz bereicherte den Park mit einer Vielzahl von Bauten, von denen einige erhalten sind, darunter eine Feldsteingrotte und ein Obelisk auf der Anhöhe der Erdterrassen. Als seine letzte Ruhestätte ließ sich Heinrich eine Grabpyramide errichten.

Mit dem Tod Prinz Heinrichs im Jahr 1802 endete die glanzvolle Epoche von Rheinsberg. Bis zum Jahr 1945 blieb das Schloss, das bis dahin fast ein Jahrhundert lang für Besucher geöffnet war, im Besitz der Hohenzollern. Ab 1950 wurde es mitsamt der Nebengebäude als Sanatorium zweckentfremdet. Seit dem Jahr 1991 ist das Schloss Rheinsberg, dessen Restaurierung heute abgeschlossen ist, der Öffentlichkeit wieder zugänglich.

Schloss und Park Rheinsberg   149

*Die Paradeschlafkammer mit ihrer frühklassizistischen Ausstattung ließ sich Heinrich
an der Stelle seiner früheren Bibliothek und des Chinesischen Zimmers einrichten.*

*Das Schloss Rheinsberg mit
dem barocken Gartenparterre
aus der Vogelperspektive.*

Im kreisrunden Turmkabinett befand sich die Bibliothek des Kronprinzen Friedrich. Den gleichen Grundriss wählte er später als König für seine Bibliothek im Schloss Sanssouci.

Die frühklassizistisch ausgestaltete Lange Kammer entstand durch die Vergrößerung der kronprinzlichen Goldenen Kammern, deren Wandvertäfelung erhalten blieb.

Blick in die von Friedrich Reclam 1771 als Antikenraum gestaltete Gewölbte Kammer.

Der dem Schloss jenseits des Sees gegenüberliegende Obelisk auf der Höhe der Erdterrassen wurde 1791 zum Gedenken an Heinrichs Bruder August Wilhelm und zu Ehren der Helden des Siebenjährigen Krieges errichtet.

Figur der römischen Göttin Pomona am Eingangsportal des Schlosses.

Die nach einer römischen Quellnymphe benannte Egeriagrotte entstand um 1790 als reizvolle Gartenarchitektur.

Rechte Seite:
Heinrich gestaltete die Schlossinsel mit einer Marmorgruppe und hölzernen Blumenkörben nach französischem Vorbild. Blick zum Obelisken.

Schloss Paretz

Das Schloss Paretz wurde als sommerliches Refugium Friedrich Wilhelms III. und seiner Gemahlin Luise von Mecklenburg-Strelitz im Jahr 1797 vom Landbaumeister David Gilly auf den Grundmauern eines alten Gutshauses errichtet. Die Räume des schlichten, klar proportionierten Baus erhielten eine Einrichtung im Stil des Berliner Frühklassizismus in bürgerlicher Ausprägung. Das Vestibül und der Gartensaal nahmen als Repräsentationsräume den Mittelrisalit des Gebäudes ein, daran schlossen sich östlich die Zimmerfluchten mit den Wohnräumen Friedrich Wilhelms und Luises an. Als Wandschmuck der mit hochwertigen Mahagonimöbeln und kunstgewerblichen Gegenständen ausgestatteten Räume dienten kostbar bemalte oder bedruckte Papiertapeten von hoher künstlerischer und handwerklicher Qualität. Die Tapeten mit vielfältigen Motiven und Mustern lieferten zum größten Teil Berliner Manufakturen.

In die Gestaltung der königlichen Residenz bezog Gilly das gesamte Dorf ein, das er als Musterbeispiel preußischer Landbaukunst neu erstehen ließ. Schloss und Dorf bildeten als Architekturensemble und Gesamtkunstwerk die Kulisse für die Sommeraufenthalte der königlichen Familie, die von 1797 an alljährlich in den Monaten August und September für mehrere Wochen mit großem Gefolge hier residierte. Abseits der strengen Berliner Hofetikette führte sie in dörflicher Idylle ein ungezwungeneres höfisches Leben in schlichterem Ambiente. Der mitangereiste Hofstaat fand Unterkunft in eigens hierfür hergerichteten Bauernhäusern und Nebengebäuden.

Die Napoleonischen Kriege erzwangen 1806 die Flucht der königlichen Familie nach Ostpreußen. Nach dem frühen Tod Luises im Jahr 1810 suchte der König Paretz regelmäßig mit seinen Kindern im Gedenken an sie auf. Nach dem Ableben Friedrich Wilhelms 1840 wurde das nicht mehr bewohnte Schloss als Erinnerungsstätte an das Königspaar bis zum Jahr 1945 in seiner originalen Ausstattung aus der Zeit um 1800 erhalten.

Das Schloss Paretz entstand 1797 in nur wenigen Monaten als ländliches Refugium Friedrich Wilhelms III. und seiner Gemahlin Luise.

Friedrich Wilhelm III. und seine Gemahlin Luise von Mecklenburg-Strelitz von Friedrich Georg Weitsch (1799).

Das Ende des Zweiten Weltkriegs brachte den Verlust fast des gesamten Schlossinventars mit sich, lediglich die wertvollen Tapeten konnten 1947 geborgen werden. In den darauffolgenden Jahren erfuhr das Schloss, nun zur Unterbringung eines Landwirtschaftsinstituts umgebaut, mit der Entstellung der frühklassizistischen Fassade und Eingriffen in die Raumstruktur durch die Entfernung von Innenwänden gravierende Veränderungen. Ab dem Jahr 1999 wurde der Außenbau des Schlosses wieder in seine ursprüngliche Gestalt zurückversetzt. Nach der Wiederherstellung der Innenräume konnten die restaurierten Tapeten an ihren angestammten Platz zurückkehren. Seit 2001 hat das Schloss Paretz seine Türen als Museumsschloss geöffnet.

Die Tapete im Wohnzimmer der Königin Luise wurde 1797 von der Berliner Manufaktur Isaak Joel angefertigt.
Die illusionistische Malerei zeigt neben sommerlichen Landschaften auch das Marmorpalais in Potsdam (rechts neben der Tür).

Das Vestibül des Schlosses Paretz mit den Ölporträts von Friedrich Wilhelm III. und Königin Luise von Wilhelm Böttner aus dem Jahr 1799.

Die floralen Motive der Tapete des Gartensaals, der als Gesellschaftsraum diente, verschmelzen exotische und heimische Gärten zu einer Einheit.

Detail der asiatischen Importtapete im Gesellschaftssaal.

Kinderkutsche im Kutschenmuseum in der Remise von Schloss Paretz, um 1675/80.

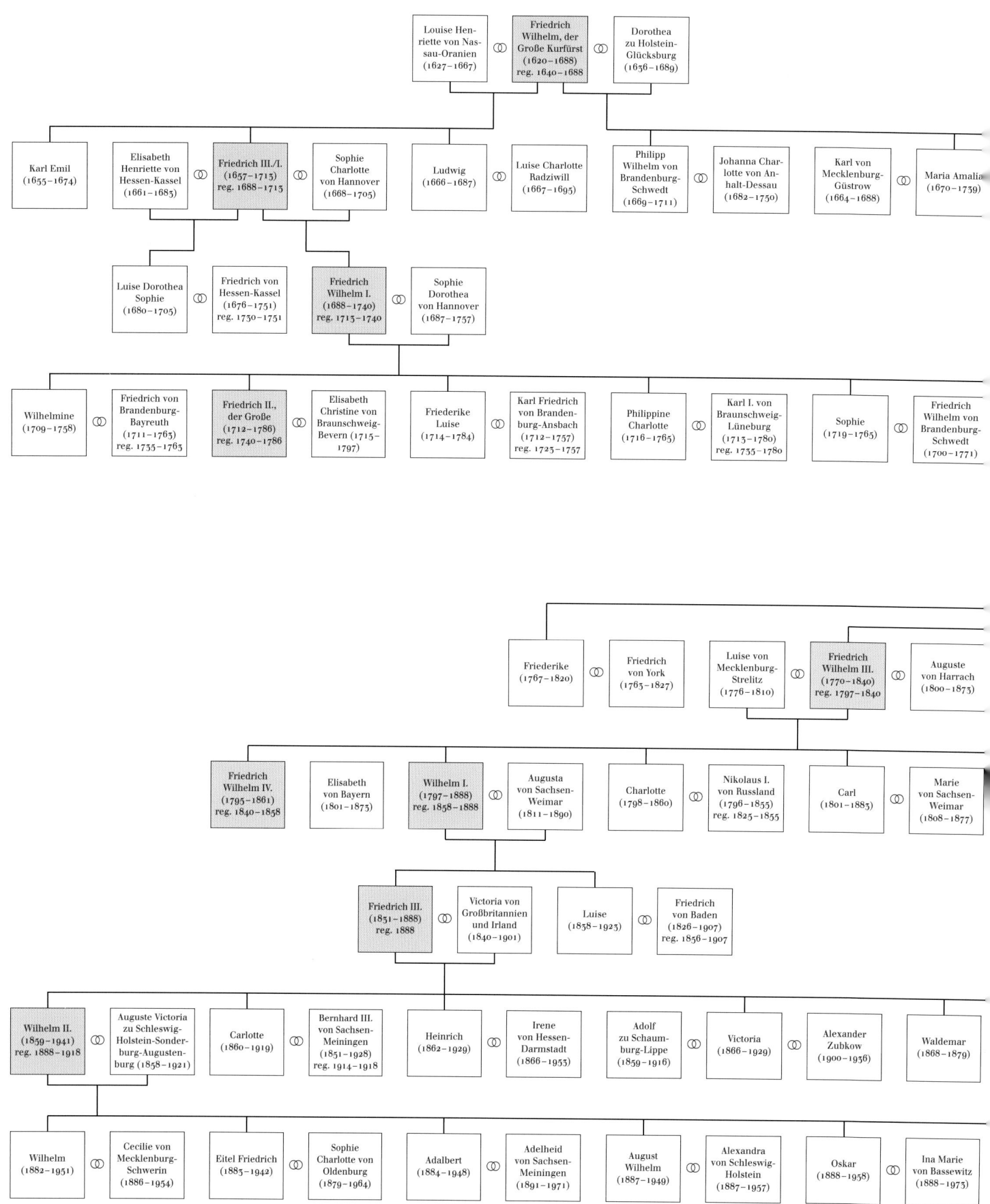

STAMMBAUM DER HOHENZOLLERN IN BRANDENBURG-PREUSSEN

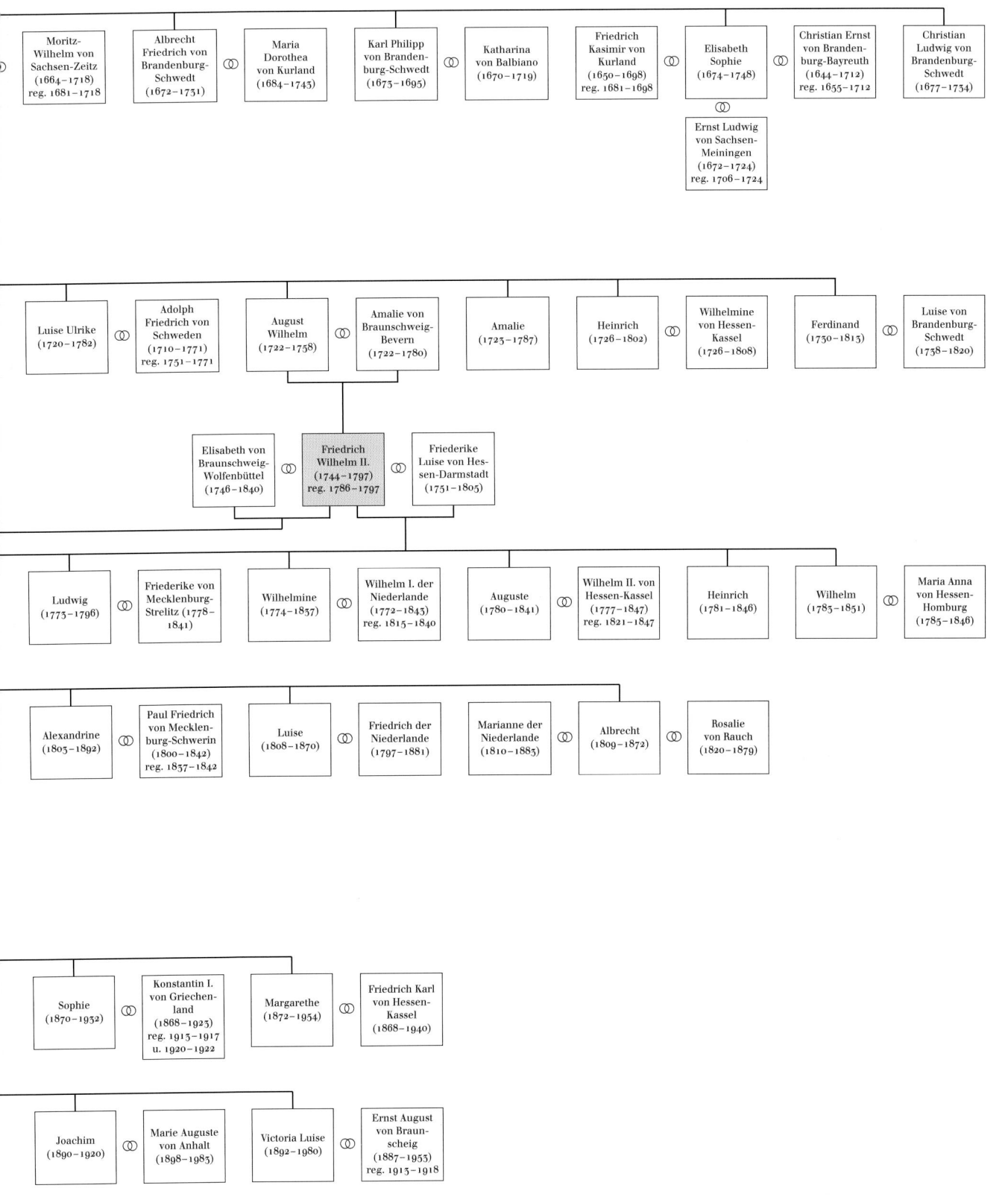

Besucherinformation

Die Schlossgärten sind täglich ab 6:00 Uhr
bis zum Einbruch der Dunkelheit geöffnet.

Grundsätzlich können alle in diesem Buch
vorgestellten Schlösser und historischen Gebäude
besichtigt werden. Einige Schlösser sind ganzjährig
geöffnet, andere nur in der Hauptsaison.

**Allgemeine Informationen, aktuelle Öffnungszeiten
und Eintrittspreise, Sonderveranstaltungen und
Ausstellungen:**

www.spsg.de

Besucherservice und Information:

Stiftung Preußische Schlösser und Gärten
Berlin-Brandenburg
Postfach 60 14 62
14414 Potsdam

Besucherzentren an der Historischen Mühle
und am Neuen Palais (Eröffnung Frühjahr 2013)
Am Neuen Palais 3
14469 Potsdam

Tel: +49 (0)331/9694 – 200
Fax: +49 (0)331/9694 – 107
E-Mail: besucherzentrum@spsg.de

**Service und Reservierung für Gruppenreisen
sowie Angebote für Schüler und Lehrer:**
Tel: (0049) 0331/9694 – 200

Museumsshop:
www.museumsshop-im-schloss.de

**Touristische Informationen, Unterkünfte,
Verkehrsverbindungen**

in Berlin: www.visitberlin.de
in Potsdam und Brandenburg:
www.reiseland-brandenburg.de

Impressum

Abbildungsnachweis:

© Stiftung Preußische Schlösser und Gärten Berlin-
Brandenburg; Jörg P. Anders, Hans Bach, Klaus Bergmann,
Fotostudio Boettcher, Roland Bohle, Jewgeni Chaldej, Reto
Güntli, Roland Handrick, Hagen Immel, D. Katz, Daniel
Lindner, Michael Lüder, Gerhard Murza, Wolfgang Pfauder,
Leo Seidel, Barbara und René Stoltie. – Brandenburgisches
Landesamt für Denkmalpflege und Archäologisches Lan-
desmuseum, Messbildarchiv.

S. 3: Portal des Orangerieschlosses im Park Sanssouci
(Bildarchiv SPSG/Foto: Hans Bach).

S. 5: »Prospect des Königlichen Lust-Schlosses Sans Soucy
bei Potsdam«, Johann David Schleuen d. Ä., Kupferstich,
um 1747/48 (Bildarchiv SPSG/Plansammlung).

S. 7: Luftaufnahme Schloss Sanssouci mit Park
(Bildarchiv SPSG/Foto: Jürgen Hohmuth).

Lektorat:
Birgit Olbrich, Deutscher Kunstverlag

Herstellung, Satz, Layout:
Edgar Endl, Deutscher Kunstverlag

Reproduktionen:
Birgit Gric, Deutscher Kunstverlag

Druck und Bindung:
Grafisches Centrum Cuno, Calbe

Bibliografische Information der Deutschen
Nationalbibliothek
Die Deutsche Nationalbibliothek verzeichnet diese
Publikation in der Deutschen Nationalbibliografie;
detaillierte bibliografische Daten sind im Internet
über http://dnb.dnb.de abrufbar

ISBN 978-3-422-07146-9
© 2012 Deutscher Kunstverlag GmbH Berlin München